当代传媒系列丛书

主持人语音与艺术发声教程（第2版）

ZHUCHIREN YUYIN YU YISHU FASHENG JIAOCHENG

田园曲　辛逸乐　主　编
李俊文　曾毅　宋晓宇　王钊熠　副主编

清华大学出版社
北京

本书封面贴有清华大学出版社防伪标签，无标签者不得销售。
版权所有，侵权必究。举报：010-62782989，beiqinquan@tup.tsinghua.edu.cn。

图书在版编目(CIP)数据

主持人语音与艺术发声教程／田园曲，辛逸乐 主编．—2版．—北京：清华大学出版社，2021.8
（当代传媒系列丛书）
ISBN 978-7-302-56402-7

Ⅰ．①主… Ⅱ．①田…②辛… Ⅲ．①主持人－语音－教材②主持人－发声法－教材
Ⅳ．① G222.2

中国版本图书馆 CIP 数据核字 (2020) 第 170438 号

责任编辑：王燊娉　高晓晴
封面设计：赵晋锋
版式设计：方加青
责任校对：成凤进
责任印制：杨　艳

出版发行：清华大学出版社
　　　　网　　址：http://www.tup.com.cn，http://www.wqbook.com
　　　　地　　址：北京清华大学学研大厦 A 座　　邮　　编：100084
　　　　社 总 机：010-62770175　　　　　　　　邮　　购：010-62786544
　　　　投稿与读者服务：010-62776969，c-service@tup.tsinghua.edu.cn
　　　　质 量 反 馈：010-62772015，zhiliang@tup.tsinghua.edu.cn
印 装 者：三河市君旺印务有限公司
经　　销：全国新华书店
开　　本：185mm×230mm　　　印　　张：17.5　　　字　　数：292 千字
版　　次：2015 年 10 月第 1 版　2021 年 9 月第 2 版　　印　　次：2021 年 9 月第 1 次印刷
定　　价：59.00 元

产品编号：086784-01

丛书编委会

总主编：田园曲

顾　问(按姓氏笔画排序)：
刘　静　罗共和　贾　宁　黄元文　曾　致

编　委(按姓氏笔画排序)：

丁　亮	王　炜	王兰君	王钊熠	王怀武	王雪玉洁	田军成	宁　波
吕　丹	吕艳婷	伍娜娜	刘　莉	刘　黎	许　嬗	孙宁丰	纪　洁
李　菁	李艺晨	李俊文	吴婷婷	余　乐	辛逸乐	宋晓宇	陈　静
陈一鸣	欧阳平	易　军	赵万斌	赵小蓉	赵熙敏	袁　乐	耿博超
徐　江	翁　如	唐华军	黄　娅	黄　娟	董　攀	曾　毅	翟　清

丛书序 SERIES ORDER

博观约取，求索创新。

人类传播方式的每一次飞跃，都与社会发展、技术进步及人们对信息的渴求密切相关。大众传媒是社会发展的产物，并随着其发展，影响着人们的生活、工作以及娱乐。所以，作为传媒业从教与研究者的我们，更应在这诸多变化中，剥离纷繁的物质表象，准确把握行业深层次的变与不变，并将我们的研究所得作用于人才培养的全过程，以有效推动传媒教育事业的科学发展。

在经济全球化、文化多元化和传播媒介多样化的背景下，综合分析传媒行业的变与不变，我们就会发现，变化的是传播方式、技术手段、运作模式与播出内容；而不变的则是我们必须遵循的传播法则，即传播的使命、传播的价值观、信息的真实性，以及内容的服务性与有效性等。这所有的不变聚合起来，便构成了大众传媒的基因。因此，我们的高校传媒教育，也理应在这个大前提下，有效结合行业变与不变的现实情况，从人才培养模式、课程体系设计及教学内容安排等方面进行深入细致的思考与探究，该坚守的坚守，该调整的调整，该变革的也理应顺势变革。

然而，相关法则究竟应该如何坚守？教学内容到底要怎样变革？这不能只是个命题，更应该落实于白纸黑字的有效践行上。于是，本着这种放眼世界、博采众长、精益求精和勇于创新的精神，一批懂业务、宽视野、善思考、厚积淀，并且有着传媒使命感的教师聚集了起来，携手清华大学出版社，共同开发、出版了这套《当代传媒系列丛书》，目的就是为了在高速发展的社会里，用符合时代特点、反映行业规律、贴合教学需要的内容，为读者呈现出当代传媒五彩斑斓的大千世界。

为了保证教材的质量，我们在编写时也遵循了以下原则：第一，抵近教学一线；第二，反映时代需求；第三，紧扣行业脉搏；第四，科学安排内容；第五，注重读者体验。在这些原则框架的基础上，我们力求丛书能符合教师教学、学生学习与传媒爱好者自学的需要,也期待着广大读者在阅读、使用过程中能给我们提出宝贵意见和建议,以使本丛书日臻完善。

《当代传媒系列丛书》的出版,得到了多位业界专家的悉心指点,也得到了国内众多院校的大力协助,以及诸多媒体同仁的鼎力支持,在此一并致谢。

让我们心系传媒,立足课堂;积聚力量,行在路上!

田园曲

2014年6月

前言 PREFACE

大众媒介高速发展，新兴媒体攻城略地。如今，传统媒体人感受到了前所未有的竞争压力，不过在这竞争中人们也看到了事业发展的新舞台与新机遇。

在人人都有"麦克风"的互联网时代，主持人职业究竟该走向何方？主持人教育又该立足于何处？这些都是迫切需要寻得答案的问题，也是于竞争中倍感压力的原因；而每天的广电声屏与网络世界里，各类音视频节目总是创意不断、花样翻新，这又分明为我们勾勒出了播音主持工作广阔的事业舞台，也展示出了主持人职业独有的魅力。

回望近年某些节目中主持人位置缺失的现状，的确让人感到了现实的骨感，甚至令许多准从业者感到信心不足或是对前途悲观失望。但当我们抛开喧嚣浮华的表达方式与宣传手段，静下心来思考时就会发现，无论时代怎样变迁，社会如何发展，良好的语言及表达能力始终是各行各业工作所必需的，而标准的普通话语音与科学发声的能力，则更是播音与主持艺术专业学子区别于其他专业人才的核心竞争力之一。

于是，问题变得简单了。让我们暂时放下复杂的思考，回到原点：为什么学习语言？为什么学习播音主持？答案其实很简单，那就是表达、沟通与分享的需要。因为信息爆炸、多元声音的社会需要播音员主持人的权威发声与观点表达。因此，回到原点，让我们从b、p、m、f和a、o、e开始重新认识并调整发音；静下心来，让我们从改善呼吸和情声气的结合开始真正走入科学发声、艺术表达的世界。于是，您会发现，优雅语言的本身便是对真善美的最好诠释。

这本教材以前人总结的经验为基础，集合了湖南、湖北、四川、甘肃等省近10所高校播音与主持艺术专业骨干教师的教学思考与实践方法。或许，声音的改善便始于您翻开本书，启口发声的那一瞬间。

万丈高楼平地起,让我们回到原点,同路,共勉。

觅音之旅,就此开启。

田园曲

2021年6月6日

编写说明

本书由四川音乐学院、西南石油大学、四川电影电视学院、武汉体育学院、武汉传媒学院、长沙学院、兰州城市学院、乐山师范学院、绵阳师范学院、湖南女子学院、湖南艺术职业学院等高校播音主持专业教师合作编写而成。

具体编写分工如下：

章	节	编者	统稿
第一章 科学晨练		曾毅　关航　窦浩	王兰君
第二章 语音与正音	第一节　普通话语音概论	辛逸乐	田园曲
	第二节　声母	王钊熠　吕艳婷	
	第三节　韵母	辛逸乐　田园曲　伍娜娜	
	第四节　声调	田园曲	
	第五节　语流音变	辛逸乐	
	第六节　声、韵、调对比分辨	袁乐　孙瑞　曾毅	
第三章 发声与美化	第一节　播音主持艺术发声概论	田园曲　曾毅	田园曲
	第二节　呼吸控制	宋晓宇	
	第三节　口腔控制	李俊文	
	第四节　喉部控制	王钊熠	
	第五节　共鸣控制	王茜	
	第六节　声音弹性	李菁	
	第七节　情、声、气的关系	李俊文	
第四章 语音与艺术发声 综合训练		曾毅　李俊文　柳维涛	丁亮
附录 普通话语音示范 录音		田园曲	田园曲

目录 CONTENTS

第一章　科学晨练

第一节　科学晨练的意义与训练路径 ··· 1
　　一、科学晨练的意义 ·· 1
　　二、科学晨练的训练路径 ·· 3

第二节　晨练步骤 ··· 4
　　一、准备工作(3分钟) ··· 4
　　二、无声练习(10分钟) ·· 5
　　三、有声练习(15分钟) ·· 6
　　四、发音器官放松(2分钟) ·· 7

第二章　语音与正音

第一节　普通话语音概论 ·· 9
　　一、什么是普通话 ··· 9
　　二、方言区的划分 ·· 13
　　三、普通话语音的特点 ··· 14
　　四、学习普通话的重要性 ·· 15
　　五、普通话语音的基本构成 ·· 16
　　六、学习普通话的方法 ··· 17
　　七、汉语拼音方案 ·· 18

第二节　声母 ··· 20
　　一、声母概述 ··· 20
　　二、声母的发音 ··· 23

第三节 韵母 …… 46
一、韵母概述 …… 47
二、单韵母 …… 48
三、复韵母 …… 60
四、鼻韵母 …… 77

第四节 声调 …… 95
一、什么是声调 …… 95
二、声调的作用 …… 95
三、声调的特点和性质 …… 96
四、调值和调类 …… 97
五、声调的发音要领 …… 97
六、声调的练习原则 …… 98
七、实训材料 …… 99

第五节 语流音变 …… 109
一、轻声 …… 109
二、儿化 …… 115
三、变调 …… 121
四、词的轻重格式 …… 127
五、语气词"啊"的变化 …… 130

第六节 声、韵、调对比分辨 …… 133
一、声母对比分辨 …… 133
二、韵母对比分辨 …… 143
三、声调对比分辨 …… 148

第三章 发声与美化

第一节 播音主持艺术发声概论 …… 151
一、"声音审美"的标准 …… 152
二、发声的原理 …… 153
三、播音主持发声的综合感觉 …… 156

四、嗓音的保护 …………………………………… 156

第二节　呼吸控制 ……………………………………… 158
　　一、发声的动力——呼吸 ………………………… 159
　　二、气息的运用 …………………………………… 167
　　三、感情与呼吸控制 ……………………………… 170
　　四、呼吸控制综合训练 …………………………… 172

第三节　口腔控制 ……………………………………… 176
　　一、口腔控制与咬字器官 ………………………… 177
　　二、吐字归音与字正腔圆 ………………………… 177
　　三、咬字器官的配合要领 ………………………… 180
　　四、实训材料 ……………………………………… 183

第四节　喉部控制 ……………………………………… 195
　　一、喉部控制的重要性 …………………………… 196
　　二、喉部的构造 …………………………………… 196
　　三、发声机理 ……………………………………… 198
　　四、喉部控制要领 ………………………………… 198
　　五、发声能力拓展训练 …………………………… 202

第五节　共鸣控制 ……………………………………… 208
　　一、共鸣器官及其作用 …………………………… 208
　　二、共鸣控制的训练 ……………………………… 212

第六节　声音弹性 ……………………………………… 219
　　一、什么是声音弹性 ……………………………… 219
　　二、如何使声音富于弹性 ………………………… 220
　　三、声音弹性的训练 ……………………………… 221

第七节　情、声、气的关系 …………………………… 237
　　一、播音主持中的情、声、气 …………………… 237
　　二、情、声、气的相互关系 ……………………… 238
　　三、情、声、气结合的训练 ……………………… 238
　　四、实训材料 ……………………………………… 240

第四章 语音与艺术发声综合训练

一、文学作品 ··· 241

二、新闻稿件 ··· 247

附 录 普通话语音示范录音

第一部分 声母(示范录音：2) ··· 255

第二部分 韵母 ·· 257

一、单韵母发音(常见)(示范录音：3) ································ 257

二、复韵母发音(示范录音：4) ··· 257

三、鼻韵母发音(示范录音：5) ··· 258

第三部分 声调 ·· 258

一、单音节发音(示范录音：6) ··· 258

二、双音节发音(示范录音：7) ··· 260

三、四音节发音(示范录音：8) ··· 261

第四部分 语流音变 ··· 261

一、轻声(示范录音：9) ·· 261

二、儿化(示范录音：10) ·· 262

三、轻重格式(示范录音：11) ··· 262

参考文献 ·· 264

后记 ·· 265

第一章 科学晨练

第一节 科学晨练的意义与训练路径

教学目标：

播音与主持艺术属于"口耳之学"，同话剧、曲艺等有声语言艺术门类一样，从业人员必须经过不断的训练，才能达到本行业所要求的专业水准。

本章介绍晨练的内容，是对后面部分章节内容中基本训练的简单组合，也是专业训练过程中必须掌握的练习方法。在循序渐进的训练过程中，应多思考、多揣摩，不断优化练声效果，使专业能力得到提高和拓展。

一、科学晨练的意义

科学晨练是播音与主持艺术专业必不可少的训练环节之一，也是课堂教学的重要延伸。正所谓"一日之计在于晨"，播音员、主持人优美动听的声音很大程度上也源于十年如一日对晨练的坚持。正是这样持之以恒形成的习惯，推动着他们不断进步，走向成功。具体来说，科学晨练的意义可从以下三方面来认知：

1. 提升专业基本功

科学晨练是播音员、主持人最为重要的基本功训练手段,也是一种通过长期训练而形成的职业习惯。这样的训练过程,可以使语音及发声能力得到长足的进步与拓展。

(1) 科学晨练可以有效规范普通话语音,获得理想的语音面貌。语音面貌是指普通话的规范程度及灵活自如的运用能力。传媒工作的特殊性要求播音员、主持人的普通话应标准、规范,即声母清晰准确、韵母圆润响亮、声调抑扬顿挫、语流顺畅自如等。要想达到以上要求就必须通过大量练习,来纠正语音问题、解决语音难点。一般来说,只要练习的方法科学合理,在量变到质变的过程中,理想的语音面貌应该是指日可待的。

(2) 科学晨练可以有效强化嗓子的发声能力,获得理想的声音形象。每个人的嗓音都是独具一格、与生俱来的,也是极具可塑性的,后天的训练可以使嗓音在原有基础上得到更好的发展,以有效增强声音的表现力,拓展声音的形象塑造能力。在播音主持的过程中,不同风格与要求的节目或稿件作品,需要运用不同的音色和声音状态来呈现,因此,晨练中安排的呼吸、口腔、喉部、共鸣和声音弹性等训练便可针对播音主持过程中的不同需求,对嗓子进行有效训练和开发,以提高嗓子发声能力,获得理想的声音形象。

2. 牢固树立时间观念,培养坚韧的意志力

时间观念对于传媒工作者来说是十分重要的,录音何时完成、节目何时播出、排练何时进行等都是每天在工作中可能遇到的问题。所以,正点、准时是传媒工作的基本要求之一,更是播音员、主持人的基本职业习惯之一。因此,每天准时并保质保量地晨练可以帮助我们有效树立时间观念,按时起床、按时开嗓,在持之以恒的过程中自然养成牢固的时间观念。

冬练三九,夏练三伏。在坚持的过程中,由于天气或各种各样的原因,对于某些练习者而言,晨练变成了痛苦和煎熬的代名词。但需要明确的是,传媒工作者中的大多数人将来要站在媒体一线,在工作中,时间、地点和环境常常无法预知和判断,甚至在工作需要时,不论何时何地发生何种状况都需要坚守工作岗位。因此,坚持晨练可以逐渐提高自身克服困难和艰苦条件的能力,培养坚韧的意志力,为更出色地完成日后的工作奠定坚实的基础。

3. 形成健康的生活规律，提高自我约束力

科学的晨练有助于练习者形成健康的生活规律，而生活是否规律与发声器官的健康状况是有直接关系的。发声器官是播音员、主持人最重要的劳动工具，其健康状态直接关系到我们的工作质量。生活习惯的长期不规律很容易诱发发声器官的病变，从而引起咽喉炎、声带肿痛等不良反应。因此，要想获得优美、动听的声音形象，就必须拥有健康、持久的发声器官，也就要高度重视对自身嗓音的保护。

二、科学晨练的训练路径

一般来说，晨练的内容和时间是相对固定的，但语音和嗓音能力的训练方法却是多种多样的。因此，在内容和时间相对固定的前提下，应尽可能对晨练的训练路径进行多样化设计，在训练的不同阶段相应调整侧重点，做到因人而异且有针对性。

1. 注重基础，坚持训练

在晨练过程中，有一些基础练习环节是必须每天坚持的。例如，口部操、气泡音、打开口腔练习、气息控制练习、"a"音的稳定扩展、膈肌弹发力量等，这些练习环节是专业基本功的基石，因此必须按照训练要求，保质保量地完成。

2. 加深认知，侧重训练

根据练习者语音面貌的规范程度以及嗓音发声能力的高低，在不同阶段，训练应有不同的侧重点。例如，初学者与有一定基础的人相比较，练习的侧重点就应有所区别；练习1年与练习10年的人相比较，侧重点也应有所不同。因此，我们应客观、清晰地判断，并不断加深对自身专业水平的认知，根据所处的水平阶段科学合理地安排训练方案，以达到最佳练习效果。

3. 坚持不懈，持之以恒

在日常练习中，练习者自身存在的语音错误和语音缺陷需要进行反复纠正，有些顽固的语音毛病甚至要通过上百遍的练习来调整和改善。这就需要我们不仅要有耐心，更要有信心和决心将其纠正，以坚持不懈、持之以恒的精神来克服练习中遇到的困难，形成良好的语音面貌和发声习惯。

4. 有章可循，量力而行

科学合理的晨练需要有相关的专业人员或老师进行指导，各个练习环节也应在完整掌握要领动作及相关技巧后再单独进行练习，尤其对初学者而言，更应如此。语言艺术需要言传身教，单纯学习书本上的理论知识是无法完全领悟其中要义的，因此，不能盲目练习，要在老师的指导下，将理论与实践紧密结合，使训练有章可循。

需要明确的是，每个人的发声能力是有强弱差异的，我们应客观看待这个问题。要在专业训练过程中掌握科学的方法，保护发声器官，不盲目攀比声音的大小或质量，从自身先天条件出发，做到量力而行、科学训练。

第二节　晨练步骤

教学目标：

一般而言，晨练时间控制在20～30分钟为宜，并遵循由无声到有声、由弱到强、由小到大的原则进行练习。以30分钟为例，本节将介绍晨练的步骤和模式，其中，部分练习动作的要领和技巧将会在之后的章节中详细讲解，在此只进行简要的罗列。

一、准备工作(3分钟)

(1) 慢跑或散步：慢跑，既达到热身效果，又训练肺活量，为接下来的练习做好准备和铺垫。散步时，身体始终保持松弛自如的姿势，呼吸均匀，不要过于松懈。

(2) 面部肌肉按摩：双手对脸部肌肉进行按摩，使面部肌肉从"睡眠"状态进入"舒展"状态。

(3) 颈部运动：头部前后上下左右、顺时针、逆时针摇动，对颈部肌肉进行活动拉伸，"唤醒"相应的发声器官。

(4) 肩部运动：两肩带动胳膊进行顺时针、逆时针运动，放松肩膀。

(5) 扩胸运动：两肩放松，胳膊抬起与肩膀平行，扩胸时稍稍挺胸，以有效拉开肌肉。

二、无声练习(10分钟)

1. 口部操(训练唇、舌部发音力量的集中)

(1) 唇部操。

① 撅唇抿唇。练习唇部发音时力量集中在中部1/3，要求匀速、慢速练习。

② 绕唇。练习唇部周围肌肉的控制力，要求匀速、慢速进行，左右均衡。

③ 唇爆破。练习唇部肌肉的爆发力。

(详情参见第三章第三节"口腔控制"部分内容)

(2) 舌部操。

① 弹舌。练习舌尖的弹发力，要求弹动有力、弹出变化，可结合三组舌尖音练习。

② 刮舌。练习舌面的收缩力，要求刮出微疼的感觉，可结合舌面音、儿化音练习。

③ 绕舌。练习舌根的控制力，要求舌根左右绕动均衡，慢速、匀速进行。

④ 顶舌。练习整个舌头的收缩控制力，要求舌头力量集中，形成柱体、条状。

2. 打开口腔(训练发音时良好的口腔状态)

(1) 提颧肌。打开口腔前上部，以"似微笑"状增加亲和力。

(2) 打牙关。打开口腔后部。

(3) 挺软腭。打开口腔后上部。

(4) 松下巴。打开口腔前下部。

(详情参见第三章第三节"口腔控制"部分内容)

3. 呼吸控制无声练习(训练呼吸肌肉群对气息的控制能力)

(1) 快吸快呼：这个状态又被形象地表述为类似"狗喘气"的状态，即通过快吸快呼的方式快速活动横膈膜，以有效提升横膈膜在发声过程中的活跃度。

(2) 慢吸慢呼：可通过这个状态锻炼对身体呼吸肌肉的控制能力。眼睛平视前方，头摆正，肩放松，像在旷野闻花香一样，慢慢吸足气。要感觉到腰腹之间充气膨胀，气沉丹田，收平小腹。保持几秒后，轻缓发出"si"音。

(3) 快吸慢呼：这个状态的训练感觉接近说话时的用气状态。快速短促地吸气，吸7~8成，不要吸满，加以保持，并充分体会吸气最后一刻的感觉；呼气时缓缓呼出，配合声音(气声"si")，要求始终平稳均匀。晨练时要着重体会对快吸慢呼的控制。

三、有声练习(15分钟)

1. 气泡音训练

发音时,用弱气流轻轻冲击声带,保持发"a"音的口形,此时可听到如气泡滚动,并带有颗粒感的弱声。这个音的训练对声带有很好的保健作用,一般用于练声前活动预热声带和练声后按摩舒缓声带。发音过程中应注意由开口气泡音向闭口气泡音的过渡。

2. 弹发音训练

弹发音训练总的目的是锻炼发音器官稳定、连续发力的力度和灵动感。

(1) 结合膈肌的运动,发出一个结实的"hei"音,并不断重复。要注意弹发过程中气息的支撑,在保持肌肉力量均匀的同时还应保持声音音高、音量、音色的相对稳定。

(2) 在前面练习的基础上,通过腹部的收缩,发"hei、ha"音,20~40次为一组。

(3) 加强口腔控制,调整呼吸,连续发出"hei、ha、hou"音,一次为一个完整的弹发音,注意声音集中外送到上腭处。每10次弹发音为一组,共发3~5组。

(4) 弹发出"bang、pang、mang、fang、dang、tang"音,练习过程中应注意在唇部、舌部发力的瞬间,有意识地配合打开口腔,以利于声音集中、共鸣的形成。

(5) 结合喊操练习,弹发数字节拍。如"1、2、3、4/2、2、3、4/3、2、3、4/4、2、3、4……"要求每个数字在发音时都跳跃灵动、有力弹出,中途自然换气。

(6) 弹发象声词,保持口腔状态,调整气息,将声音集中送到硬腭前部,发出"吧嗒嗒、滴溜溜、咕隆隆、乒乓乓、唰啦啦、哗啦啦、噼啪啪、当啷啷"等音。

3. 音域扩展训练

(1) "a"音和"i"音的螺旋绕音。用"a"音和"i"音做渐进式螺旋上绕、下绕的训练,以达到纵向扩展音域的目的。

(2) "a"的延长音。稳定持久地发"a"音的延长音,以达到横向扩展声音宽厚度、稳定性的目的。

4. 声音的"音乐性"训练

声音的"音乐性",主要表现为"抑扬顿挫、高低起伏、韵律和谐"的声调变化,这种"音乐性"的获得,可通过夸大四声的练习来达到。

以气息控制为基础,在一个自如声区内,保持声调的调值准确,进行夸大四声的练习。

(详情参见第二章第四节"声调"部分内容)

5. 绕口令练习

根据教学进度有侧重地选择绕口令进行练习,绕口令的练习在刚入门时切忌一味求快、求溜,而应遵循准确、清晰、集中为主的原则,先慢后快、从准确到自然,并以带有相应态度和情感色彩的声音进行练习。

可自行选择内容进行练习。

(详情参见第二章"语音与正音"部分内容)

6. 古诗词练习

诗歌语言精练、句短意长、字少情厚,因此要求吐字速度慢而颗粒清晰,其中点睛词句更要读得饱满清楚、余味悠长。

可自行选择内容进行练习。

(详情参见第二章"语音与正音"部分内容)

7. 文段播读

播读稿件是练习吐字发声的好方法,播读时要求字清、意准、情切。

可自行选择内容进行练习。

(详情参见第四章"语音与艺术发声综合训练"部分内容)

四、发音器官放松(2分钟)

嗓音的训练,一定要注意使用与保护同时进行。因此,必须于练声后养成对发音器官进行舒缓和放松的习惯,只有这样嗓音才可能常葆青春。

(1) 可通过发开口或闭口气泡音的方式放松发音器官。

(2) 可通过咽喉部和肩颈部按摩的方式放松发音器官。

科学练声的过程是因人而异的,应根据个人情况选用最适合自己的训练方法。因此,书中提供的练声的流程也仅供参照,不必生搬硬套。

另外,晨练应是一种专业习惯,需要坚持训练方有所成,因此初学者不可过分追求训练效果,更不能以消极的心态应付了事。应在愉快、积极的心态下科学训练,精益求精,不断提高语音、嗓音能力,为后续专业训练打下坚实的基础。

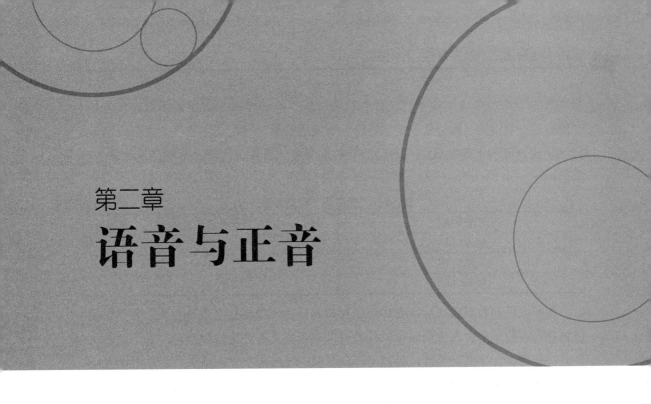

第二章 语音与正音

第一节 普通话语音概论

教学目标：

本节通过对普通话的由来、普通话语音的特点、方言区的划分、普通话语音基本概念等知识点的介绍与讲解，使学生初步了解普通话语音相关知识及概念，明确学习普通话的重要性，为进一步提高普通话水平奠定理论基础。

一、什么是普通话

(一) 普通话的发展

人类的语言随着社会的发展而发展，并伴随着社会的瓦解而出现分化，之后又由于社会的统一而再次融合。这样的发展过程，使我们的社会出现了丰富多彩的语言样式，也在客观上形成了我国多民族、多方言种类的语言运用实际情况。

在文化、经贸往来不断繁荣的推动下，语言沟通的现实需求被日益放大，社会上也逐渐出现了"通用语"。据《辞海·雅言》记载，我国最早使用的"通用语"

是"雅言"。"雅言"曾一度流行于黄河流域，孔子在山东讲学所用的语言就是"雅言"，我国第一部诗歌总集《诗经》所使用的语言也是"雅言"。之后，随着我国历史进程的不断发展，"通用语"的称谓也一再发生改变，具体情况如表2-1所示。

表2-1 "通用语"称谓发展

历史时期	"通用语"名称
唐宋时期	正音
明清时期	官话
民国时期	国语

中华人民共和国成立后，在1955年10月召开的"全国文字改革会议"和"现代汉语规范问题学术会议"期间，时任教育部部长张奚若在报告中指出，为了突出我国各民族语言文字的平等性，将通用语从"国语"改为"普通话"。同年的10月26日，《人民日报》发表《为促进汉字改革，推广普通话，实现汉语规范化而努力》一文，为普通话的正式推出再次助力。1956年2月6日，周恩来签发《国务院关于推广普通话的指示》，这才正式有了普通话的定义及正式推广普通话的时间。直到1982年，推广全国通用普通话被正式写入《中华人民共和国宪法》的第十九条第五款："国家推广全国通用的普通话。"

(二) 普通话的标准

普通话，通俗意义上指的是汉民族使用的通用语言。它是指以北京语音为标准音，以北方话为基础方言，以典范的现代白话文著作为语法规范的现代汉民族共同语。①

1. 北京语音为标准音——语音标准

北京位于华北平原，有着悠久的建城史和建都史。明清时期的都城就设在北京，当时使用的通用语——"官话"，也随着都城的政治影响及明清时期的文学作品在当时的社会广为传播。而到了民国时期，"五四运动"的开展也将当时的通用语——"国语"在全国范围内进一步传播开来。在这段时期内，"国语"传播的速度和广度得到了空前的发展，为日后北京语音作为标准音奠定了基础。

中华人民共和国成立后，北京作为首都，继续承担着中国政治、文化、教育、

---

① 吴弘毅. 普通话语音与播音发声[M]. 北京：北京广播学院出版社，2002.

以及国际交流中心的重责,北京话的影响日益显著,地位也日益提高,加之频繁流动的人口,使得北京话和各地的方言有了更多沟通与交流的机会,也正是在这个过程中,北京话吸收了众多地方语言的语音特长,逐步成为被大多数人认可和使用的代表语言。时至今日,我国台湾地区依旧沿用民国时期的通用语言"国语"。所以无论是明清时期的"官话",还是民国时期的"国语","以北京语音为标准音"都是历史发展的必然选择。

需要注意的是,"以北京语音为标准音"是针对北京语音系统当中的声、韵、调、语流音变和声韵拼合关系而言的,这其中并不包括北京话中的土音、土语成分,因此,北京话并不等于普通话。如北京话中将"暂时"的"暂"读成上声zǎn,而普通话中"暂"是读成去声zàn的;又如"在这"当中的"在",北京话读成上声zǎi,而普通话则读成去声zài等,这些区别都是我们在学习的时候需要仔细辨别的。

2. 北方话为基础方言——词汇标准

我国最早使用的通用语——"雅言",流行于黄河流域,而"雅言"的形成正是建立在北方地区语言体系之上的。古代中国的大多数都城都选址在广大的北方区域,如北京、西安、开封、洛阳等,这些都城也都是当时社会政治、经济、文化交流的中心。另外,元、明、清时期的大量文学作品也都创作于北方方言的基础之上,这也使得北方方言在更为广泛的区域中产生了深远的影响。

需要注意的是,"以北方话为基础方言"指的是北方话中具有广泛性、典型性的普遍词汇,而不具备普遍意义或者地方色彩过于浓重的词汇是没有收录到普通话体系当中的,如表2-2所示。

表2-2 北方方言与普通话对比

北方方言	普通话
挤兑	排挤
倍儿棒	特别好
瞎了	完了
拉了胯	腿软
逗闷子	开玩笑

另外,也有一些具有典型性的方言词、音译词或外来词在普遍流通的基础上逐渐加入普通话的体系当中,使普通话的词汇变得更为丰富,如"沙发""纽

约""卡片""拷贝"等。

3. 典范的现代白话文著作——语法标准

对于"以典范的现代白话文著作为语法规范"这句话,可以这样理解:

"典范"是针对"非典范",即不具备典型性、普遍性的语言类型而言的。

"现代"则排除了"五四运动"之前的早期白话文。

"白话文"是针对"文言文"而言的。"白话"是在唐宋以来口语的基础上形成的,起初用于通俗文学作品,如唐代的变文以及宋元明清时期的小说、话本等。1887年,《申报》副刊的出现是近代最早的白话报纸。1917年1月,胡适在《新青年》发表了《文字改良刍议》,开始倡导使用"活文字",随后鲁迅、李大钊、周作人等纷纷在自己的文学作品中使用。白话文在使用的过程中,广泛吸收了西方的词汇资源、语法结构,并与语言、文学、思想等多个方面进行渗透融合。

"著作"指的是书面形式的语言类型,它不等同于口语语言,而是对口语的一种提炼再加工的语言类型。

从语法规范的角度来具体比照分析,方言与普通话的区别是很大的,如语序、词序方面,以粤方言为例,如表2-3所示。

表2-3 粤方言与普通话的区别

粤方言	普通话
点解	为什么
紧要	要紧
宵夜	夜宵

因此,要想学好普通话,除了要掌握语音系统和词汇用法之外,还必须从语法规范的角度来记忆和把握。

4. 语音、词汇、语法三要素的关系

语言是一种特殊的社会现象,同社会的发展有着密切的联系。由于语言各要素的发展同社会发展的联系具有不同性质的特点,因此各要素的发展速度是不均衡的,但它们却又在各自发展的过程中相互协调、相互制约,并合乎规范地处在一个整体之中。

一般而言,词汇必须接受语法的支配,在三要素中发展得最快的就是词汇;语音的发展是相对迟缓的;语法的变化则相对稳定。

二、方言区的划分

我国幅员辽阔，根据不同地区运用语言的实际情况，可将各地区使用的方言进行区域性划分。根据调查，大致有两类划分方式，即"七大方言区"[①]和"十大方言区"[②]，如表2-4、表2-5所示。

表2-4　七大方言区

方言区	代表话	区域	使用人口比例
北方方言	北京话	长江以北，镇江以上、九江以下的沿江地带，四川、云南、贵州，以及湖北、湖南两省的西北部，广西北部一带	73%
吴方言	上海话(现代)苏州话(近代)	江苏省长江以南，镇江以东部分(镇江不在内)，浙江大部分	7.2%
湘方言	长沙话	湖南省大部分	3.2%
赣方言	南昌话	江西省(东部沿江地带和南部除外)，湖北省东南一带	3.3%
客方言	梅县话	广东省东部、南部和北部，广西壮族自治区，福建省西部，江西省南部，以及湖南、四川的少数地区	3.6%
闽方言	福州话厦门话	福建省，台湾省，海南省	5.7%
粤方言	广州话	广东省，广西壮族自治区，港澳地区(国外唐人街多用粤方言)	4%

表2-5　十大方言区

方言区	代表话	区域	使用人口比例
官话区	北京话	长江以北大部分地区，可细分为东北官话、北京官话、冀鲁官话、胶辽官话、中原官话、兰银官话、西南官话、江淮官话	67.9%
晋语区	太原话	以山西、内蒙古为中心，周边的陕西北部，河南北部，河北西部	4.69%
吴语区	苏州话	江苏省东南部、上海市、浙江大部分县市区、江西东部和福建安徽的小部分地区	7.15%
徽语区	歙县话	分布于新安江流域的安徽省旧徽州府、浙江省的旧严州府及江西的东北部县市	0.32%
湘语区	长沙话	以湖南省为集中分布地区，广西的东北部有少数县也讲湘方言	3.16%
赣语区	南昌话	以江西省为中心，辐射到周边的湖南、湖北、安徽、福建等省	3.21%

---

① 黄伯荣，廖序东. 现代汉语[M]. 3版. 北京：高等教育出版社，2002.
② 刑福义. 普通话培训测试指要[M]. 修订版. 武汉：华中师范大学出版社，2011.

(续表)

方言区	代表话	区域	使用人口比例
客家区	梅州话	以广东、江西、福建三地交接地区为大本营，共分布于广东、江西、福建、台湾、湖南、四川、广西、海南8个省区	3.59%
平话区	(暂无)	是汉语方言分布地域最小、使用人口最少的一支方言，分布在广西从桂林以北的灵川向南、沿铁路到南宁的广大农村，内部分桂南片、桂北片	0.21%
闽语区	福州话 厦门话	集中分布于福建、台湾、海南三省，广东的潮州、汕头、雷州半岛等地，另外浙江、广西、江苏、安徽、江西也有少量分布	5.65%
粤语区	广州话	主要分布于广东、广西，以及香港、澳门地区，海南省也有少量分布	4.12%

需要注意的是，无论按"七大方言区"划分，还是按"十大方言区"划分，方言与普通话相比较，在字音上的区别是最为明显的，其中最突出的是声母、韵母的区别，以及声调的不同。如广西博白县是保存古音声调最多的方言区域，一共有10个声调；次之是粤方言，共有9个声调；而声调最少的是北方方言区，大部分区域只有阴阳上去4个声调。

除了字音以外，各个方言区域的词汇及语法的运用也都有很大不同，在此不再赘述。

三、普通话语音的特点

(1) 语言系统简单，音节结构形式较少。字音都是由声母、韵母和声调构成，其中有调音节1300多个，无调音节400个。

(2) 清声母居多，发音清楚、明快。

(3) 元音占优势，音节响亮。

(4) 声调系统简单。普通话声调只有阴、阳、上、去4个调类。按五度标记法判断，其中高音成分较多，低音成分较少，这样使整个语音系统听起来更加清脆高扬。加之声调的变化鲜明，更使普通话具有了高低抑扬的音乐色彩。

(5) 音节间隔分明，使语音富有节律性。

(6) 语流音变当中变调、词的轻重格式等的变化规律使语言在表达过程中更加准确具体、丰富自然。

总的来说，普通话语音具有声音悦耳、音调柔和、节奏明朗、韵律协调、简单清楚、表现力强等特点。

四、学习普通话的重要性

语言是人们在日常生活中沟通和交流的重要工具。

汉语是全球使用人口最多的语言种类，约占世界总人口的1/5。作为一个多人口、多民族的国家，普通话是我国各族人民通用的交流语言。另外，普通话也是联合国使用的六种工作用语(英语、汉语、法语、俄语、西班牙语、阿拉伯语)中的一种。

《中华人民共和国宪法》第十九条规定，国家推广全国通用的普通话。这说明，学习和运用普通话已是我国的一项基本国策，也是每个公民应尽的责任与义务。

播音员、主持人作为媒体的"喉舌"，肩负着推广普通话的重任，被视为"生活中的语音老师"。2000年颁布的《中华人民共和国国家通用语言文字法》第十二条规定，广播电台、电视台以普通话为基本的播音用语。第十九条规定，以普通话作为工作语言的播音员、节目主持人和影视话剧演员、老师、国家机关工作人员的普通话水平，应当分别达到国家等级标准。因此，这对即将从事播音主持工作的同学也提出了相应要求，即一定要按照准确、规范、科学的方法对普通话加以训练，以达到未来从业岗位对自身能力的需求。

另外，还需明确的是，推广普通话作为一项基本国策，其目的并不是要消灭方言，而是要在会说方言的基础上，也会说民族共同语。应该看到，方言是处于从属地位的一方之言，它为一个地区的人们服务，很好地发挥了日常交际的功能。同时也应看到，语言本身是没有优劣之分的，方言并不是低级、落后的语言。方言区的人们对自己的家乡话有着深厚的感情，若不加分析地贬低、排斥方言，会使方言区的人产生抵触情绪，对推广普通话工作极为不利。因此，国家推广普通话，总的要求是在正式的场合和公众交际的场合讲普通话，但并不排斥在非正式场合讲方言。推广普通话的工作也会有重点、分步骤地实施，并不是"一刀切"的，对此要有正确的认识。

总之，几十年的推广普通话工作，已使各个方言区的语言发生了一些变化，在语音、词汇方面都有向普通话靠拢的趋势。同时普通话也不断地从方言中汲取营养，借以丰富自己。原来没有的一些方言词汇也加入了普通话的体系，使之变得更为丰富鲜活。普通话的运用拉近了人与人之间自由沟通的距离，使我国56个民族间的文化、经济、生活等各项事业都有了更好的沟通与融合，促进了我国社会主义事业的加速发展。

五、普通话语音的基本构成

1. 音节

因为一个汉字就是一个音节，所以音节是语音的基本构成单位，也是最容易辨别的语音单位。如"人们"是两个汉字，就是两个音节；"花团锦簇"是四个汉字，就是四个音节。

2. 音素

音素，是构成语音的最小单位。一个音节可以由一个音素构成，也可以由两个或两个以上音素构成。如"啊"字是由一个音素"a"构成的；"普"字是由两个音素"p"和"u"构成的；"话"字是由三个音素"h""u""a"构成的；"闯"字是由四个音素"ch""u""a""ng"构成的。

音素又可以分为元音和辅音两大类。

元音：发音时，气流在发音的过程中没有受到明显阻碍，呼出的气流相对较弱，发音器官均衡紧张，声带颤动，声音响亮，是乐音。

辅音：发音时，气流在口腔中受到明显阻碍，呼出气流相对较强，形成阻碍部分的肌肉紧张，声带不颤动，声音不响亮，不是乐音。

3. 声母、韵母、声调

按照汉语语音学的传统分析方法，可将一个音节划分为声、韵、调三个部分，即声母、韵母和声调。

声母，是指一个音节开头的部分，由除ng之外的21个辅音音素充当。但在拼写过程中也不难发现，还有一些特殊音节的声母是缺失的，如安(ān)、熬(áo)、爱(ài)等。因此，这些声母缺失的音节被称为"零声母"音节。

韵母，是指一个音节中声母后面的部分，共有39个。按结构可划分为单韵母、复韵母和鼻韵母三种。按韵母开头元音发音时的口形又可划分为开口呼、齐齿呼、合口呼和撮口呼四类。

根据汉语拼音方案的规定，在拼写韵母时，如以i、u、ü为开头的韵母前没有声母，即以i、u、ü开头的零声母音节在拼写时，为了避免音节界限的混淆，要分别使用隔音字母y和w，如言(yán)、雾(wù)、圆(yuán)等。

声调，是指汉语音节所固有的，可以区别意义的声音的高低和升降。因为它是区别音节的基本要素，所以声调又叫作字调。如一(yī)、姨(yí)、椅(yǐ)、意(yì)。在汉语中，声调起着区别字义的作用。

六、学习普通话的方法

普通话语音的学习包括发音和正音两大部分。

1. 发音

发音指的是用拼音拼写出的字、词，能准确地念出。发音的准确是语音学习最基本的要求。而现实情况是，很多同学对发音的训练，只停留在机械的发音器官锻炼上，尽管长期坚持训练，语音面貌的进步却不大。问题究竟出在哪里呢？

这是因为对发音的认识有偏差。发音准确，除了与发音器官的灵活度和控制力有关外，还与耳朵听音、辨音的能力有很大关系。也就是说，训练普通话不仅要关注发音器官，更要关注耳朵的听音、辨音能力。熟悉声乐训练的朋友一定听过这样的说法，即"听得准才能唱得准"，而这种说法借用到普通话语音的训练过程中也是同样成立的，即"听得准才能说得准"。因此，学习普通话，首先要从提高耳朵对语音的分辨能力开始，同时结合发音器官的训练，以达到"心中有标准、耳中有音准，嘴上能说准"的要求，并在此基础上反复练习、巩固，直到完全熟练掌握。

2. 正音

正音是指掌握汉字、词语的普通话标准读音，纠正受方言影响而产生的偏离普通话的语音习惯，这属于一种记忆能力的训练。其实，方言语音同普通话语音的差异并不是毫无规律的，在通过学习与听辨了解了它们之间的对应规律后，就不必一个字一个字地死记，而可以一批一批地去记了。然后再在正音的基础上，通过大量朗读、会话的练习，逐步将标准普通话读音运用到实际的口语传播过程中。

总而言之，普通话的学习，应该是一个由听到说再到记的过程。只要在学习的过程中逐步提高听音辨音能力、强化发音控制能力，找到普通话和方言的对应关系并加强相关字词的记忆，坚持不懈，就一定能够练就标准、动听、优雅、自信的普通话。

七、汉语拼音方案

1. 字母

字母	名称	字母	名称
Aa	ㄚ	Nn	ㄋㄝ
Bb	ㄅㄝ	Oo	ㄛ
Cc	ㄘㄝ	Pp	ㄆㄝ
Dd	ㄉㄝ	Qq	ㄑㄧㄡ
Ee	ㄜ	Rr	ㄚㄦ
Ff	ㄝㄈ	Ss	ㄝㄙ
Gg	ㄍㄝ	Tt	ㄊㄝ
Hh	ㄏㄚ	Uu	ㄨ
Ii	ㄧ	Vv	ㄞㄝ
Jj	ㄐㄧㄝ	Ww	ㄨㄚ
Kk	ㄎㄝ	Xx	ㄒㄧ
Ll	ㄝㄌ	Yy	ㄧㄚ
Mm	ㄝㄇ	Zz	ㄗㄝ

2. 声母

b	p	m	f	d	t	n	l
ㄅ玻	ㄆ坡	ㄇ摸	ㄈ佛	ㄉ得	ㄊ特	ㄋ讷	ㄌ勒
g	k	h	j	q	x		
ㄍ哥	ㄎ科	ㄏ喝	ㄐ基	ㄑ欺	ㄒ希		
zh	ch	sh	r	z	c	s	
ㄓ知	ㄔ蚩	ㄕ诗	ㄖ日	ㄗ资	ㄘ雌	ㄙ思	

3. 韵母

	i ㄧ 衣	u ㄨ 乌	ü ㄩ 迂
a ㄚ 啊	ia ㄧㄚ 呀	ua ㄨㄚ 蛙	
o ㄛ 喔		uo ㄨㄛ 窝	
e ㄜ 鹅	ie ㄧㄝ 耶		üe ㄩㄝ 约
ai ㄞ 哀		uai ㄨㄞ 歪	
ei ㄟ 诶		uei ㄨㄟ 威	
ao ㄠ 熬	iao ㄧㄠ 腰		
ou ㄡ 欧	iou ㄧㄡ 忧		
an ㄢ 安	ian ㄧㄢ 烟	uan ㄨㄢ 弯	üan ㄩㄢ 冤
en ㄣ 恩	in ㄧㄣ 因	uen ㄨㄣ 温	ün ㄩㄣ 晕
ang ㄤ 昂	iang ㄧㄤ 央	uang ㄨㄤ 汪	
eng ㄥ 亨的韵母	ing ㄧㄥ 英	ueng ㄨㄥ 翁	
ong (ㄨㄥ) 轰的韵母	iong ㄩㄥ 雍		

(1) "知、蚩、诗、日、资、雌、思"等字的韵母用i。

(2) 韵母儿写成er，用作韵尾的时候写成r。

(3) 韵母ㄝ单用的时候写成ê。

(4) i行的韵母，前面没有声母的时候，写成yi(衣)、ya(呀)、ye(耶)、yao(腰)、you(忧)、yan(烟)、yin(因)、yang(央)、ying(英)、yong(雍)。u行的韵母，前面没有声母的时候，写成wu(乌)、wa(蛙)、wo(窝)、wai(歪)、wei(威)、wan(弯)、wen(温)、wang(汪)、weng(翁)。ü行的韵母跟声母j、q、x拼的时候，写成ju(居)、qu(区)、

xu(虚)，ü上两点也省略；但是跟声母l、n拼的时候，仍然写成lü(吕)、nü(女)。

(5) iou、uei、uen前面加声母的时候，写成iu、ui、un，例如niu(牛)、gui(归)、lun(论)。

4. 声调符号

阴平	阳平	上声	去声
―	／	∨	＼

声调符号标在音节的主要母音上，轻声不标。例如：

妈 mā	麻 má	马 mǎ	骂 mà	吗 ma
阴平	阳平	上声	去声	轻声

5. 隔音符号

a、o、e开头的音节连接在其他音节后面的时候，如果音节的界限发生混淆，用隔音符号(')隔开，例如pi'ao(皮袄)。

第二节　声母

教学目标：

声母是普通话发音准确的基础。本节重点讲解声母的分类、发音部位和发音方法等，并通过具体的训练达到准确、清晰的发音目标。

一、声母概述

(一) 什么是声母

声母是指音节开头的辅音(ng除外)，分别是b、p、m、f、d、t、n、l、g、k、h、j、q、x、zh、ch、sh、r、z、c、s。

还有部分没有声母的音节叫作"零声母"音节。例如，"安全"的"安"，拼音写作"ān"，这就是零声母音节。

所以，声母共有22个，即21个辅音声母加上零声母。

需要提示的是，声母是由辅音充当的，但并不是所有的辅音都是声母。辅音共有22个，除了21个辅音声母外，余下的辅音ng只能充当韵母的韵尾部分。

(二) 声母的分类

1. 按照发音部位划分

发音部位是指辅音声母发音时，口腔中接触或者接近并对气流形成阻碍的地方。对发音部位的准确把握，应建立在准确把握人的咬字器官的基础上。

人的咬字器官包括上唇、下唇、上齿、下齿、齿龈、硬腭、软腭、小舌、舌尖、舌面和舌根，如图2-1所示。

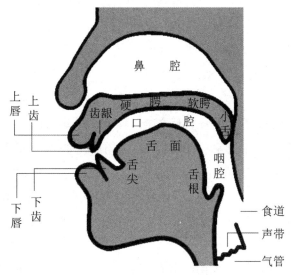

图2-1　咬字器官图

通过对咬字器官各部位在发音时协同配合的部位进行分析，将辅音声母按发音部位划分为如下七类，如图2-2所示。

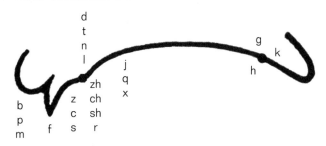

图2-2　辅音声母发音部位图

双唇阻：b、p、m。

唇齿阻：f。

舌尖前阻：z、c、s。

舌尖中阻：d、t、n、l。

舌尖后阻：zh、ch、sh、r。

舌面阻：j、q、x。

舌根阻：g、k、h。

2. 按照发音方法划分

发音方法是指辅音发音时，气流克服阻碍的方式。普通话中21个辅音声母的发音方法可分为五种，分别为塞音、擦音、塞擦音、鼻音和边音。

塞音：成阻部位完全闭塞。软腭上升，关闭鼻腔通路。气流通过口腔时冲破阻碍，爆破成音。塞音共有六个：b、p、d、t、g、k。

擦音：成阻部位接近，留下狭窄缝隙。软腭上升，关闭鼻腔通路。气流经成阻部位的窄缝挤出，摩擦成音。擦音共有六个：f、h、x、s、sh、r。

塞擦音：成阻部位完全闭塞。软腭上升，关闭鼻腔通路。气流经过成阻部位时，先突破阻碍，形成一条狭窄缝隙，接着气流从窄缝中挤出，摩擦成音。塞擦音的发音要分两步，即先爆破、后摩擦，二者须紧密结合。塞擦音共有六个：j、q、zh、ch、z、c。

鼻音：成阻部位完全闭塞。软腭下降，鼻腔通路打开，气流直接从鼻腔流出。鼻音有两个：m、n。

边音：成阻部位接触，舌翼两侧留有空隙。软腭上升，关闭鼻腔通路。气流从舌翼两边流出。边音只有一个：l。

3. 按照送气与否划分

送气音：发音时呼出气流相对较强，包括p、t、k、c、ch、q。

不送气音：并不是不出气，而是发音时呼出的气流相对较弱，包括b、d、g、j、z、zh。

需要提醒的是，所谓送气与不送气是相对而言。除了所列举的这两类音外，其他音的送气量均衡。

4. 按照清浊与否划分

清音与浊音是针对辅音声母发音时声带是否颤动而言的。

清音：气流呼出时，声带不颤动，发出声音不响亮，包括b、p、f、d、t、g、k、h、j、q、x、zh、ch、sh、z、c、s。

浊音：气流呼出时，声带颤动，发出声音比较响亮，包括m、n、l、r。

(三) 声母的发音过程及发音原则

声母的发音过程是指声母发音时，发音器官形成阻碍，气流到达口腔后克服阻碍并完成发音的过程，包括成阻、持阻和除阻三个阶段。

成阻——形成阻碍。发音器官某部分由静止状态到形成阻碍的发音状态，即发音部位开始接触或者接近，要求部位准确。

持阻——持续阻碍。发音器官保持紧张状态，气流持续受阻，是正确发音状态的一种延续，要求有控制，强而有力。

除阻——解除阻碍，发出声音。除阻时，要干脆利落，弹吐有力，才能带动后面的韵母响亮清晰。

这三个阶段概括起来，就是声母的发音原则，即成阻准、持阻强、除阻快，成吸气状态(即发音完成后瞬间放松，打开呼吸道，使气息能持续被大气压压入身体)。

(四) 声母的作用

(1) 区别意义。如果两个音节韵母和声调都相同但声母不同，字义就不同。发不准普通话的声母就有可能造成字义混淆，影响传播与交际效果。

(2) 区别音节的清晰度。声母的发音短促有力，能在音节开头有效带动整个音节的发音。所以干脆利落地发好声母，能使普通话语流中的音节界限区别明显，字音清晰可辨。

(3) 增强音节力度和亮度。声母发音时蓄气充足、弹射有力，并与韵头迅速结合，能使整个音节的力度和亮度显著增强。

二、声母的发音

(一) 双唇阻：b、p、m

1. 发音部位

上下唇中部。

2. 发音要领

b：双唇不送气清塞音

双唇闭合，软腭上升，关闭鼻腔通路；气流到达双唇后蓄气；形成压力后，蓄积在口腔中的气流突然打开双唇爆破成声。声带不颤动。

p：双唇送气清塞音

成阻和持阻阶段与b相同。除阻时，声门(即声带开合处)打开，从肺部呼出一股较强气流成声。这个过程俗称"送气"，即发音的后半段为一个独立的"送气段"。声带不颤动。

m：双唇浊鼻音

双唇闭合，软腭和小舌下降，打开鼻腔通路；气流同时到达口腔和鼻腔，在双唇后受到阻碍，气流从鼻腔透出成声。声带颤动。

3. 发音提示

(1) 根据发音要领分析，b、p的区别主要在于b是不送气音，p是送气音；而b、p与m的区别在于b、p发音时软腭是抬起的，而m是鼻音，所以软腭降下，气流从鼻腔出，且送气均衡。

(2) 发音的时候应注意避免抿唇的现象。声母发音不是用力越大越清晰，那样只会造成嘴唇内收用力过猛的喷口现象。

(3) 双唇音的发音应有意识地把力量集中在双唇中央，并控制气息流量，避免因过于用力、满唇用力、出气量过大而造成字音不清晰。

4. 练习材料

单音节

b：八、拔、白、不、冰、表、变、驳、被、别
　　摆、波、比、兵、背、憋、版、包、贝、本

p：趴、爬、坡、拍、配、潘、皮、跑、平、偏
　　庞、拼、飘、剖、批、迫、旁、撇、匹、普

m：摩、买、枚、马、苗、米、梦、谋、灭、萌
　　秒、谬、门、眯、卯、迷、美、面、莫、茅

双音节

b：靶标、罢笔、白板、帮补、包庇、辨别、把柄、百般、颁布、板报
卑鄙、北边、步兵、禀报、奔波、标本、播报、蚌埠、冰雹、宝贝

p：匹配、爬坡、澎湃、抛盘、配平、婆婆、批评、枇杷、攀爬、破皮
品牌、平铺、拍片、评判、盼盼、排炮、喷瓶、偏颇、瓢泼、铺排

m：妈妈、面膜、密码、明媚、买卖、迷茫、命名、麻木、明明、埋没
谩骂、眉目、美貌、门面、弥漫、茂密、命脉、孟买、磨灭、密谋

四音节

b：不谋而合、笨头笨脑、百炼成钢、褒贬不一、保家卫国、拔地而起
半壁江山、博学多才、悲欢离合、不约而同、冰山一角、兵强马壮

p：鹏程万里、排山倒海、片甲不留、劈头盖脸、匹夫有责、跑马观花
抛头露面、乒乒乓乓、评头品足、破罐破摔、披坚执锐、噼里啪啦

m：密密麻麻、妙趣横生、满园春色、美丽动人、明明白白、梦寐以求
每时每刻、弥天大谎、茅塞顿开、面面俱到、密云不雨、渺渺茫茫

混合练习

布匹、泼墨、拼搏、漂泊、评比、闭幕、拼命、片面、瀑布、抹布
秒表、缥缈、配备、普遍、泡沫、奔跑、目标、弥补、背叛、毛病

绕口令

八百标兵 b、p

八百标兵奔北坡，炮兵并排北边跑。
炮兵怕把标兵碰，标兵怕碰炮兵炮。

白石园里有座白石塔 b

白石园里有座白石塔，
白石塔旁开朵白莲花。
白莲花映着白石塔，

白石塔衬着白莲花。
白石塔,白莲花,
人人都说美极啦!

炮兵和步兵 b、p、m

炮兵攻打八面坡,炮兵排排炮弹齐发射。
步兵逼近八面坡,歼敌八千八百八十多。

白庙和白猫 b、m

白庙外蹲一只白猫,白庙里有一顶白帽。
白庙外的白猫看见了白帽,叼着白庙里的白帽跑出了白庙。

拔萝卜 b

初八十八二十八,
八个小孩儿把萝卜拔。
你也拔,我也拔,
看谁拔得多,看谁拔得大。
你拔得不多个儿不小,
我拔得不少个儿不大。
一个萝卜一个坑,
算算多少用车拉。

巴老爷芭蕉树 b

巴老爷有八十八棵芭蕉树,
来了八十八个把式要在巴老爷八十八棵芭蕉树下住。
巴老爷拔了八十八棵芭蕉树,
不让八十八个把式在八十八棵芭蕉树下住。
八十八个把式烧了八十八棵芭蕉树,
巴老爷在八十八棵树边哭。

白伯伯和彭伯伯 b、p、m

白伯伯,彭伯伯,

饽饽铺里买饽饽。

白伯伯买的饽饽大,

彭伯伯买的大饽饽。

白伯伯,彭伯伯,

拿到家里给婆婆。

婆婆就去比饽饽,

比来比去差不多。

分不出是白伯伯买的饽饽大,

还是彭伯伯买的大饽饽。

(二) 唇齿阻：f

1. 发音部位

上齿与下唇内缘。

2. 发音要领

f：唇齿清擦音

下唇内缘向上齿沿靠拢，形成窄缝；软腭挺起，关闭鼻腔通路，使气流在唇齿缝的间隙摩擦成声。声带不颤动。

3. 发音提示

(1)在f的发音过程中，上齿与下唇形成阻碍时要自然接近，不要出现牙齿咬唇的现象。因为f是擦音，所以发音时必须留出缝隙摩擦成声。

(2)发f音时，容易产生杂音，应注意调理好气息，控制气流，除阻时紧接元音，这样发出的字音清晰，杂音小。

4. 练习材料

单音节

f：方、风、烦、发、非、翻、冯、访、凤、粉

符、佛、肺、飞、副、腐、匪、分、法、饭

双音节

f：付费、非法、防腐、放飞、吩咐、复发、发福、负分、复返、风帆飞赴、放风、反讽、丰富、仿佛、方法、俯伏、夫妇、付费、犯法

四音节

f：反反复复、发奋图强、风雨无阻、纷纷扬扬、分道扬镳、非同凡响风和日丽、丰功伟绩、防患未然、逢年过节、夫唱妇随、翻云覆雨

混合练习

办法、迸发、破费、坟墓、白费、抱负、发表、皮肤、分母、魔方米饭、分辨、牌坊、诽谤、密封、麻烦、频繁、包袱、腐败、防备

绕口令

画凤凰 f

粉红墙上画凤凰，凤凰画在粉红墙。
红凤凰、粉凤凰、红粉凤凰、花凤凰。

蝴蝶飞 f

蝴蝶飞，蝴蝶追。
蝶追追，蝶飞飞。
到底谁追谁，
两只蝴蝶互相追。

缝飞凤 f

粉红女发奋缝飞凤，女粉红反缝方法繁。
飞凤仿佛发放芬芳，方法非凡反复防范。
反缝方法仿佛飞凤，反复翻缝飞凤奋飞。

蜂和凤 f

峰上有蜂,峰上蜂飞蜂蜇凤;

风中有凤,风中蜂飞凤斗蜂。

不知到底是峰上蜂蜇凤,

还是风中凤斗蜂。

分水岭,分水桥 f

分水岭边分水桥,

分水桥边分水岭。

分水岭分水不分桥,

分水桥分水不分岭。

分水桥是分水桥,

分水岭是分水岭。

一座棚 b、p、f

一座棚傍峭壁旁,峰边喷泻瀑布长。

不怕暴雨瓢泼冰雹落,不怕寒风扑面雪抛扬。

并排分班翻山攀坡把宝找,聚宝盆里松柏飘香百宝藏。

背宝奔跑报矿炮劈山,篇篇捷报飞伴金凤凰。

父母 f

父母的父母扶父母,

父母扶父母的父母。

祖父母是父母的父母,

父母的父母是祖父母。

(三) 舌尖前阻(平舌音): z、c、s

1. 发音部位

舌尖与上齿背或下齿背。

需要说明的是,由于受发音个体舌尖力度差异的影响,这一组的发音,舌尖抵住或接近上齿背或下齿背时,只要发音方法一致,就可在这两个部位分别发出音质、音色及准确性都基本相同的音。所以舌尖在上齿背或下齿背发音,可依个人习惯而定,只要位置正确、方法无误,都是正确音。

2. 发音要领

z:舌尖前不送气清塞擦音

舌尖与上齿背或下齿背成阻,在成阻部位后积蓄气流;软腭上升,关闭鼻腔通路;除阻时,在原成阻部位之间留出间隙,使气流从间隙透出而成声。声带不颤动。

c:舌尖前送气清塞擦音

发音部位在成阻及持阻阶段与z相同。不同的是在除阻时,声门开启,从肺部呼出一股较强气流成声。声带不颤动。

s:舌尖前清擦音

舌尖与上齿背或下齿背之间接近,形成间隙;软腭挺起,关闭鼻腔通路;使气流从间隙摩擦通过成声。声带不颤动。

3. 发音提示

(1) z、c的区别是送气与否;z、c与s的区别在于z、c是塞擦音,而s是擦音,且送气均衡。

(2) 发音时注意控制气流,以保持声母发音的清晰度。

(3) 发音时要避免舌尖伸到两齿之间变为齿间音。同时发音的成阻面要小,舌尖与齿背应呈点状接触。

4. 练习材料

单音节

z:字、做、载、匝、最、尊、滋、造、脏、宗
　　择、组、增、邹、嘴、灾、赞、糟、仄、足
c:参、彩、藏、测、慈、凑、醋、擦、苍、才
　　从、催、蚕、层、匆、策、存、次、惨、错
s:三、伞、扫、丧、森、司、搜、俗、锁、色
　　四、洒、孙、酥、塞、嗓、松、竿、随、梭

双音节

z：自在、总在、啧啧、咂嘴、簪子、藏族、遭罪、做作、在座、足足坐姿、做足、总则、自尊、祖宗、最早、脏字、罪责、贼赃、走卒

c：灿灿、曹操、草草、匆匆、此次、层次、残次、采草、错词、仓促彩瓷、猜猜、草丛、粗糙、残存、从此、苍翠、猜测、璀璨、措辞

s：洒洒、涩死、色散、送死、酸涩、飒飒、三思、搜索、僧俗、松散思索、散碎、缫丝、诉讼、速算、色素、瑟瑟、酥碎、羧酸、四散

四音节

z：自在自得、砸锅卖铁、再接再厉、在劫难逃、自私自利、左右为难责无旁贷、杂乱无章、座无虚席、在所难免、足智多谋、孜孜不倦

c：粗枝大叶、错综复杂、才貌双全、催人泪下、沧海一粟、粗茶淡饭寸草不生、此起彼伏、草菅人命、恻隐之心、错落有致、草草了事

s：似是而非、松松散散、三令五申、散兵游勇、色彩斑斓、思前想后四通八达、所向披靡、丧权辱国、塞翁失马、三思而行、随心所欲

混合练习

杂草、赠送、早操、存在、酥脆、素材、嫂子、颂词、随从、嘈杂
杂色、错字、曾孙、桑蚕、酸菜、总裁、紫菜、私自、再次、塑造

绕口令

做早操 z、c

早晨早早起，早起做早操。
人人做早操，做操身体好。

登山 s

三月三，小明去登山。上山又下山，下山又上山。
登了三次山，跑了三里三。出了一身汗，湿了三件衫。
小明山上大声喊：离天只有三尺三！

酸枣子 z、s

山上住着三老子,山下住着三小子,山当腰住着三哥三嫂子。

山下三小子,找山当腰三哥三嫂子,借三斗三升酸枣子。

山当腰三哥三嫂子,借给山下三小子三斗三升酸枣子。

山下三小子,又找山上三老子,借三斗三升酸枣子。

山上三老子,还没有三斗三升酸枣子,

只好到山当腰找三哥三嫂子,给山下三小子借了三斗三升酸枣子。

过年山下三小子打下酸枣子,还了山当腰三哥三嫂子,两个三斗三升酸枣子。

曾仔自在乐生灾 z

曾仔自在乐生灾,

贼钻财柜索钱财。

曾仔醉卧总不醒,

罪犯携赃走塞外。

警方纵横千百里,

围追堵截擒贼来。

求自在不自在 z

求自在不自在,

知自在自然自在。

悟如来想如来,

非如来如是如来。

桑树与枣树 z、s

操场前面有三十三棵桑树,

操场后面有四十四棵枣树。

张三把三十三棵桑树认作枣树,

赵四把四十四棵枣树认作桑树。

(四) 舌尖中阻：d、t、n、l

1. 发音部位

舌尖与上齿龈。

2. 发音要领

d：舌尖中不送气清塞音

舌尖及舌前部边缘紧抵上齿龈，软腭上升，关闭鼻腔通路；气流到达口腔后蓄气，舌尖迅速下移，使气流爆破成声。声带不颤动。

t：舌尖中送气清塞音

成阻、持阻阶段与d相同。区别在于除阻阶段，声门(声带开合处)打开，从肺部呼出一股较强的气流成声。声带不颤动。

n：舌尖中浊鼻音

舌尖与上齿龈成阻，堵塞口腔通路。软腭下降，鼻腔通路打开；气流同时到达口腔和鼻腔，由于在口腔受到阻碍，气流从鼻腔透出成声。声带颤动。

l：舌尖中浊边音

舌尖与上齿龈成阻，堵住口腔中路通道，但舌两边留有缝隙；软腭挺起，关闭鼻腔通路；气流到达口腔后从舌头两边与脸颊内侧形成的空隙通过而成声。声带颤动。

3. 发音提示

(1) d、t的区别在于d是不送气音，而t是送气音；同时发音时要注意舌尖的弹力，也就是说，发音动作要干脆利落，不要拖泥带水。另外，也应注意不要把d、t发成浊音。可以用d、t加所有带a韵母的音节，训练声音的响亮度。

(2) n、l发音的区别主要在于体会带音气流从鼻腔流出与从舌头两边流出的不同过程。

(3) n发音时，舌尖应注意抵满发力；l发音时，舌尖应注意轻弹发力。

4. 练习材料

单音节

d：打、抵、等、点、对、都、读、栋、带、到
　　东、电、搭、担、得、刀、多、嘟、低、当

t：塔、台、条、推、听、糖、太、填、汤、头
　　特、囤、吞、停、逃、铁、图、掏、通、突

n：那、年、您、鸟、你、南、女、怒、泥、能
　　闹、牛、哪、奴、奶、农、囊、娘、难、内
l：拉、来、俩、漏、老、烂、吕、冷、例、林
　　楼、刘、狼、铃、列、里、落、路、劳、懒

多音节

d：电动、怠惰、丢掉、地道、达到、懂得、到底、当地、地点、督导
　　导弹、调度、抵达、奠定、单独、动荡、等待、道德、打盹、短刀
t：天坛、淘汰、团体、贴图、挑剔、滔滔、疼痛、甜筒、通透、忐忑
　　图腾、体态、唐突、藤条、谈吐、天堂、探听、吞吐、推脱、探讨
n：年内、喃喃、牛奶、囡囡、难耐、奶奶、恼怒、奶娘、牛腩、泥泞
　　奶牛、呢喃、扭捏、农奴、南宁、男女、袅娜、拿捏、能耐、难念
l：理论、利率、浏览、来临、力量、历来、琉璃、料理、履历、伶俐
　　醴陵、玲珑、利落、兰陵、柳林、落泪、牢笼、零乱、酪梨、凛冽

四音节

d：断线风筝、多灾多难、躲躲闪闪、东窗事发、滴水穿石、德高望重
　　独来独往、刀枪不入、登鼻上脸、丢三落四、大智若愚、雕虫小技
t：拖拖沓沓、挑挑剔剔、腾云驾雾、天壤之别、铁面无私、同甘共苦
　　吞吞吐吐、逃之夭夭、推三阻四、统筹规划、脱颖而出、谈虎色变
n：能者多劳、男男女女、扭扭捏捏、耐人寻味、弄巧成拙、年轻力壮
　　能歌善舞、怒发冲冠、南辕北辙、难能可贵、宁为玉碎、浓妆淡抹
l：来龙去脉、里应外合、立锥之地、漏网之鱼、力不从心、冷若冰霜
　　老谋深算、碌碌无为、两全其美、淋漓尽致、流离失所、落井下石

混合练习

调料、灯塔、难点、奶酪、努力、泥塘、路途、歹徒、雷同、纽带
锻炼、灯笼、惦念、登台、胆略、地图、亮度、耐劳、擂台、坦荡

绕口令

打特盗 d、t

调到敌岛打特盗,特盗太刁投短刀。
挡推顶打短刀掉,踏盗得刀盗打倒。

谭老汉买蛋和炭 d、t、l

谭家谭老汉,挑担到蛋摊,
买了半担蛋,挑担到炭摊,
买了半担炭,满担是蛋炭。
老汉忙回赶,回家炒蛋饭。
进门跨门槛,脚下绊一绊,
跌了谭老汉,破了半担蛋,
翻了半担炭,脏了木门槛。
老汉看一看,急得满头汗,
连说怎么办,蛋炭完了蛋,
老汉怎吃蛋炒饭。

妞妞和牛牛 n、l

妞妞牵牛牛,牛牛怕妞妞。
牛怕妞妞扭牛头,牛扭牛头躲妞妞。
妞妞扭住牛牛头,妞妞扭牛牛不扭。

老龙和老农 n、l

老龙恼怒闹老农,老农恼怒闹老龙。
农恼龙怒农更怒,龙恼农怒龙怕农。

小柳柳望着牛儿游 n、l

小溪流,流呀流,
流到村头柳树沟。

柳树沟里一头牛,
沟边坐着小柳柳。
柳柳望着牛儿游,
乐得身儿晃悠悠。
柳柳从小爱劳动,
人人都夸好妞妞。

莉莉吃梨洗梨泥 n、l

莉莉吃梨洗梨泥,
西西吃梨削梨皮。
洗去梨泥削去皮,
莉莉西西齐吃梨。

(五) 舌尖后阻(翘舌音):zh、ch、sh、r

1. 发音部位

舌尖与上齿龈后或硬腭前。

2. 发音要领

zh:舌尖后不送气清塞擦音

舌尖抬起抵住上齿龈后或硬腭前,形成阻碍;软腭上升,关闭鼻腔通路;在成阻部位后积蓄气流,除阻时,在原成阻部位之间快速松开一条间隙,使气流从间隙中摩擦而成声。声带不颤动。

ch:舌尖后送气清塞擦音

发音部位在成阻和持阻阶段与zh相同。不同的是除阻时,声门开启,从肺部呼出一股较强气流成声。声带不颤动。

sh:舌尖后清擦音

舌尖抬起接近上齿龈后或硬腭前,并留出适度间隙;软腭抬起,关闭鼻腔通路;使气流从间隙摩擦通过而成声。声带不颤动。

r:舌尖后浊擦音

发音部位与sh相同。不同的是r发音时声带要颤动,并带有轻微摩擦感。也可以将r看作是sh的同部位浊音。

3. 发音提示

(1) 舌尖后音(翘舌音)是抬舌,应注意与舌尖前音(平舌音)z、c、s及卷舌韵母er进行区别。另外,zh、ch的区别在于送气与否;zh、ch与sh、r的区别在于zh、ch是塞擦音,而sh、r是擦音,且送气均衡。

(2) 这组音的发音,一些人容易发得比较靠后,尤以北方地区表现得较为明显。针对这类问题,应着重练习舌尖翘起这个动作;也有些人容易将这组音发得过于靠前,接近平舌音的位置,这在南方地区较为常见。解决时,只需有意识地将舌尖抵住或接近上齿龈后或硬腭前,即可较好地改善。

(3) 发音时不要翘唇,应注意将力量放在舌尖。

4. 练习材料

单音节

zh: 指、照、注、嘱、章、赚、州、装、中、祝
　　 抓、至、郑、知、朱、涨、众、追、扎、喆

ch: 齿、吵、翅、处、床、唱、传、蝉、闯、车
　　 陈、抽、颤、吃、除、冲、春、窗、戳、抽

sh: 时、顺、声、说、沙、书、师、双、栓、水
　　 帅、省、深、收、烧、鼠、瘦、神、伤、睡

r: 日、然、荣、绕、仍、让、柔、人、软、忍
　　 睿、若、热、肉、瓤、润、惹、弱、如、刃

双音节

zh: 庄重、政治、珍重、住宅、真正、针织、郑州、转账、症状、蜘蛛
　　 战争、整治、专职、追逐、驻扎、真挚、智者、执着、寨主、扎针

ch: 出差、冲床、茶炊、长城、超常、出场、车程、潺潺、传承、查处
　　 折除、橱窗、驰骋、乘船、初春、戳穿、抽搐、差池、朝臣、茶产

sh: 省事、上升、舒适、硕鼠、叔叔、婶婶、实施、受伤、烧水、时尚
　　 双手、闪烁、生疏、属实、韶山、商厦、首饰、甚少、双煞、收视

r: 软弱、嚷嚷、惹人、忍辱、柔韧、仁人、仍然、日日、如若、忍让

荏苒、荣辱、融入、扰攘、冉冉、柔润、濡染、荏弱、闰日、容忍

四音节

zh：真真正正、蛛丝马迹、珠联璧合、助纣为虐、中流砥柱、重中之重
　　珠圆玉润、追名逐利、知难而退、瞻前顾后、峥嵘岁月、至高无上

ch：乘风破浪、颤颤悠悠、茶余饭后、晨钟暮鼓、触景生情、畅所欲言
　　趁热打铁、长篇大论、柴米油盐、春意盎然、称心如意、赤胆忠心

sh：生生世世、山山水水、闪闪烁烁、审时度势、姗姗来迟、神通广大
　　双管齐下、身不由己、稍胜一筹、赏心悦目、水滴石穿、声声入耳

r：　柔柔弱弱、融会贯通、热情似火、人情世故、柔情似水、热火朝天
　　燃眉之急、如雷贯耳、戎马生涯、人定胜天、忍辱负重、日上三竿

混合练习

支持、专长、征程、沉重、主人、承认、山楂、长沙、主任、成熟
舒展、常识、车站、知识、专程、瘦弱、升值、柔顺、惩治、缠绕

绕口令

知之为知之 zh

知之为知之，
不知为不知。
不以不知为知之，
不以知之为不知，
唯此才能求真知。

晒白菜 ch、sh

大柴和小柴，
帮助爷爷晒白菜。
大柴晒的是大白菜，
小柴晒的是小白菜。

大柴晒了四十四斤四两大白菜,
小柴晒了三十三斤三两小白菜。
大柴和小柴,
一共晒了七十七斤七两大大小小的白菜。

学时事 zh、ch、sh
史老师,讲时事,
常学时事长知识。
时事学习看报纸,
报纸登的是时事。
常看报纸要多思,
心里装着天下事。

朱叔锄竹笋 zh、ch、sh
朱家一株竹,
竹笋初长出。
朱叔处处锄,
锄出笋来煮。
锄完不再出,
朱叔没笋煮,
竹株又干枯。

日头、石头、舌头和指头 zh、sh、r
天上有个日头,
地下有块石头,
嘴里有个舌头,
手上五个手指头。
不管是天上的热日头,
地下的硬石头,

嘴里的软舌头，

手上的手指头，

还是热日头，硬石头，软舌头，手指头，

反正都是练舌头。

石狮子，涩柿子 zh、sh

山前有四十四棵死涩柿子树，

山后有四十四只石狮子。

山前的四十四棵死涩柿子树，

涩死了山后的四十四只石狮子。

山后的四十四只石狮子，

咬死了山前的四十四棵死涩柿子树。

不知是山前的四十四棵死涩柿子树涩死了山后的四十四只石狮子，

还是山后的四十四只石狮子咬死了山前的四十四棵死涩柿子树。

(六) 舌面音：j、q、x

1. 发音部位

舌面抬起与硬腭前部接触或接近成阻，舌尖自然悬垂在下齿背。

2. 发音要领

j：舌面不送气清塞擦音

舌尖自然悬垂在下齿背，舌面前部隆起紧抵硬腭前部，软腭上升，关闭鼻腔通路；口腔中蓄气。解除阻塞时，在原阻塞的部位之间拉开适当间隙，使气流从间隙透出摩擦而成声。声带不颤动。

q：舌面送气清塞擦音

成阻和持阻阶段与j相同。不同的是除阻时，当舌面前部与硬腭前部分离并形成适度间隙的时候，声门开启，呼出较强气流而成声。

x：舌面清擦音

舌尖自然下垂，舌面两侧边缘与两侧上腭接触，舌面前部接近硬腭而形成适度间隙，气流从间隙摩擦通过而成声。声带不颤动。

第二章 语音与正音

3. 发音提示

(1) j、q的区别在于送气与否；j、q与x的区别在于j、q是塞擦音，而x是擦音，且送气均衡。

(2) 要注意与声母z、c、s发音的区别，避免舌头过于前伸，碰到牙齿边沿而出现尖音，或者舌尖过于用力，导致字音发堵。所以发音时舌头力量要集中，舌面用力，舌尖尽量放松，使字音更加清晰。

4. 练习材料

单音节

j：剑、讲、就、军、加、九、即、节、金、居
　　江、街、景、娟、叫、俊、剪、交、紧、见

q：齐、倩、墙、亲、钱、气、切、区、情、桥
　　恰、去、枪、欺、庆、全、缺、取、旗、球

x：想、先、些、相、性、谢、熊、洗、小、绣
　　许、悬、星、下、西、雪、血、消、香、鞋

双音节

j：接近、姐姐、家居、经济、结晶、讲究、解决、坚决、积极、奖金
　　季节、狙击、剪辑、尖叫、绝技、交际、家教、荆棘、将军、借机

q：气球、蛐蛐、前期、亲情、亲戚、全球、悄悄、情趣、氢气、欠缺
　　翘起、祈求、弃权、蹊跷、恰切、娶亲、乞求、凄切、巧取、求签

x：学校、香型、小溪、吓醒、信息、小熊、信心、详细、新型、选项
　　心虚、血腥、下行、湘西、宣泄、闲暇、修鞋、习性、香薰、狭小

四音节

j：斤斤计较、将计就计、久而久之、咎由自取、金屋藏娇、惊弓之鸟
　　兢兢业业、饥不择食、剑拔弩张、精益求精、炯炯有神、举世闻名

q：气急败坏、晴天霹雳、沁人心脾、轻车简从、取长补短、窃窃私语
　　恰如其分、七上八下、前功尽弃、奇珍异宝、巧夺天工、锲而不舍

x：惺惺相惜、兴高采烈、谢天谢地、心腹之患、喜上眉梢、小心翼翼
　　星星之火、先来后到、血浓于水、相敬如宾、逍遥自在、熙熙攘攘

混合练习

机器、坚信、集训、奇迹、嫌弃、陷阱、戏曲、小巧、器具、讲习
起劲、七夕、显见、掀起、信件、辖区、千金、险峻、羞怯、继续

绕口令

七加一和七减一 j、q

七加一、七减一,加完减完等于几?
七加一、七减一,加完减完还是七。

青草丛 q

青草丛,草丛青,
青青草里草青虫。
青虫钻进青草丛,
青草丛青草虫青。

东乡的戏箱找到西乡 x

东乡的戏箱找到西乡,
西乡的戏箱找到东乡。
东乡西乡戏来戏去只隔一只戏箱,
西乡东乡箱来箱去只因一场《西厢》。

编细席 x

一席地里编细席,
编的细席细又密。
编好细席戏细席,
细席脏了洗细席。

田建贤 j、q、x

田建贤前天从前线回到家乡田家店,

只见家乡变化万千，繁荣景象出现在眼前。
连绵不断的青山，一望无边的棉田。
新房建成一片，高压电线通向天边。

漆匠和锡匠 j、q、x
七巷一个漆匠，西巷一个锡匠。
七巷漆匠偷了西巷锡匠的锡，
西巷锡匠拿了七巷漆匠的漆。
七巷漆匠气西巷锡匠偷了漆，
西巷锡匠讥七巷漆匠拿了锡。
请问锡匠和漆匠，
谁拿谁的锡？
谁偷谁的漆？

(七) 舌根音：g、k、h

1. 发音部位
舌根后缩上抬与软腭接触或接近。

2. 发音要领

g：舌根不送气清塞音
舌根抬起抵住软腭，气流蓄积在咽腔与口腔后部。舌根离开软腭的瞬间，气流爆发而出。声带不颤动。

k：舌根送气清塞音
发音部位在成阻与持阻阶段与g相同；不同的是除阻时，声门打开，较强气流冲破阻碍而成声。

h：舌根清擦音
舌根抬起与硬腭和软腭的交界处形成间隙；软腭挺起，关闭鼻腔通路，气流从形成的间隙中摩擦通过而成声。声带不颤动。

3. 发音提示
(1) g、k的区别是送气与否；g、k与h的区别是g、k是塞音，h是擦音，且送气均衡。

(2) 这组音是声母中发音最靠后的一组，也是音色最暗的一组。

(3) 软腭要绷紧，要避免发音时，由于软腭过松，跟随带音气流振动而发出喉音。

4. 练习材料

单音节

g： 个、够、稿、共、根、乖、挂、馆、过、钢
　　 公、高、哥、耕、姑、工、干、改、更、古

k： 看、开、克、括、困、快、壳、考、康、课
　　 可、哭、咖、口、坑、空、扛、卡、框、渴

h： 号、或、花、虎、环、喝、恨、换、含、海
　　 河、欢、好、湖、画、厚、灰、怀、还、吼

双音节

g： 哥哥、改革、谷歌、高贵、高跟、感官、广告、规格、尴尬、公告
　　 钢管、故宫、各国、高估、观光、古国、瓜果、骨骼、刚果、高钙

k： 旷课、克扣、开阔、刻苦、开口、扣款、坎坷、看客、开卡、窥看
　　 空壳、苛刻、慷慨、可靠、侃侃、苦口、开垦、困苦、空旷、口渴

h： 混合、辉煌、后悔、谎话、画画、回话、皇后、合伙、豪华、幻化
　　 憨厚、祸害、海航、划痕、槐花、浩瀚、恍惚、毁坏、昏花、海涵

四音节

g： 古灵精怪、耿耿于怀、隔三岔五、高谈阔论、改过自新、肝胆相照
　　 故地重游、冠冕堂皇、高楼大厦、呱呱坠地、隔岸观火、公而忘私

k： 坎坎坷坷、坑坑洼洼、克己奉公、磕头碰脑、空前绝后、侃侃而谈
　　 宽大为怀、扣人心弦、开源节流、刻骨铭心、快马加鞭、口蜜腹剑

h： 恍恍惚惚、豪言壮语、豁然开朗、哼哼哈哈、海枯石烂、后起之秀
　　 红红火火、含沙射影、好大喜功、含含糊糊、酣畅淋漓、画蛇添足

混合练习

苦瓜、苦果、刻骨、客观、矿工、高考、功课、干枯、开花、概括
赶快、干旱、看海、河谷、隔阂、合格、顾客、何苦、考古、开会

绕口令

哥挎瓜筐过宽沟 g、k

哥挎瓜筐过宽沟,赶快过沟看怪狗。
光看怪狗瓜筐扣,瓜滚筐空哥怪狗。

华华和红红 h

华华有两朵黄花,红红有两朵红花。
华华要红花,红红要黄花。
华华送给红红一朵黄花,
红红送给华华一朵红花。

哥哥捉鸽 g、k、h

哥哥过河捉个鸽,回家割鸽来请客。
客人吃鸽称鸽肉,哥哥请客乐呵呵。

狗和猴 g、h

桥西走来一条狗,
桥东跑来一只猴。
走到桥心两碰头,
狗望望猴,
猴瞧瞧狗。
狗跺跺脚向桥西跑,
猴挠挠耳向桥东走。
谁也不过桥,
不知是狗怕猴,

还是猴怕狗。

王婆夸瓜又夸花 g、k、h

王婆卖瓜又卖花,

一边卖来一边夸。

又夸花,又夸瓜,

夸瓜大,大夸花,

瓜大,花好,笑哈哈。

化肥会挥发 h、f

黑化肥发灰,灰化肥发黑。

黑化肥发灰会挥发,灰化肥挥发会发黑。

黑化肥挥发发灰会花飞,灰化肥挥发发黑会飞花。

画凤 h、f

粉皮墙上三只凤,

画完红凤画黄凤,

画完黄凤画粉红凤,

红凤、黄凤、粉红凤,

三只凤凰好威风。

第三节 韵母

教学目标:

韵母是普通话音节的重要组成部分。播音员、主持人对韵母进行训练可使发出的音节圆润动听。通过本节的学习,应掌握韵母发音的基本要领,并把握好唇形圆展、舌位高低、舌位前后,以及口腔开度等变化,使发出的韵母准确清晰、圆润饱满。

一、韵母概述

1. 什么是韵母

韵母是汉字音节结构中声母后面的部分,是字音圆润响亮的关键。

韵母一共有39个,其中单韵母10个,复韵母13个,鼻韵母16个。

2. 韵母的结构

韵母由韵头、韵腹、韵尾三部分构成。

韵头是韵母中韵腹前面的元音,由于它介于主要元音与声母之间,所以又被称为"介音",由i、u、ü充当;韵腹由口腔开度最大、最响亮的元音充当,又称为主要元音;韵尾是韵母中韵腹后面的部分,又叫作尾音。例如"交",拼音写作"jiāo",其中j是声母,i是韵头,a是韵腹,o是韵尾。

另外,并不是每个韵母都由韵头、韵腹和韵尾组成。有些韵母没有韵头,如"贪"tān;有些没有韵尾,如"家"jiā;也有些韵母头尾皆无,如"他"tā。因此,一个韵母可以没有韵头和韵尾,但必须要有韵腹,如"啊"ā。

3. 韵母的分类

(1) 按照语音结构进行分类,韵母可分成单韵母、复韵母和鼻韵母。

单韵母是指只包含一个元音的韵母,共有10个,分别是a、o、e、i、u、ü、ê、-i[前]、-i[后]、er。

复韵母是指包含有两个或三个元音的韵母,共有13个,分别是ai、ei、ao、ou、ia、ie、ua、uo、üe、iao、iou、uai、uei。

鼻韵母是指包含有鼻辅音的韵母,共有16个,分别是an、en、ian、in、uan、uen、üan、ün、ang、eng、iang、uang、ing、ueng、ong、iong。

(2) 按照韵母开头元音的唇形特点分类,韵母分为四呼,分别是:开口呼、齐齿呼、合口呼和撮口呼。

开口呼是指不以i、u、ü开头的韵母,如a、o、e、ai、ei、ao、ou等。

齐齿呼是指以i为开头的韵母,如i、ia、ie、iao、iou等。

合口呼是指以u为开头的韵母,如u、ua、uo、uai、uan等。

撮口呼是指以ü为开头的韵母,如ü、üe等。

二、单韵母

(一) 什么是单韵母

单韵母是指由一个元音音素构成的韵母。单元音根据发音时舌部位所呈的状态分为舌面元音韵母ɑ、o、e、i、u、ü、ê(见图2-3)和特殊元音韵母-i[前]、-i[后]、er，共10个。

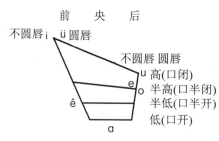

图2-3 舌面元音韵母图

(二) 单韵母的发音条件

1. 舌位高低

舌位是发音时，舌头在口腔内隆起部分的最高点，也是最接近上腭的"近腭点"。

舌位的高低是指发音时舌头隆起部分的最高点同上腭距离的大小。距离越小，舌位越高；距离越大，舌位越低。同时舌位高低和口腔的开合度也有一定的关系。根据舌位的高低，可将舌面元音分为高元音i、u、ü；半高元音o、e；半低元音ê；低元音ɑ。

2. 舌位前后

舌位的前后是指发音时舌头在口腔内隆起部分的前后。根据舌位的前后位置，可将舌面元音分为：前元音i、ü、ê；央元音ɑ；后元音o、e、u。

3. 唇形圆展

发音时唇形拢圆和展开的变化叫作唇形圆展。

(1) 唇形圆，声腔就得以延长；唇形展，声腔也就相应缩短。在相同的舌位状态下，由于唇形圆展不同，也就形成了两个不同的元音。

(2) 普通话七个舌面元音的唇形圆展分别为：圆唇音ü、u、o；不圆唇音i、e、ê、a。

综上所述，单韵母的发音原则为：

前音后发、后音前发；

宽音窄发，窄音宽发；

圆唇扁发，扁唇圆发；

呈吸气状态。

(三) 单韵母发音要领及训练

训练提示：因为单韵母没有韵头和韵腹，所以结合声母训练时要注意唇舌的控制，同时应始终保持舌体呈收势，使单韵母发音圆润、饱满。

1. a 舌面央低不圆唇元音

发音要领：口张大，舌尖离开下齿背，上下齿微露，舌中部偏后微微隆起和硬腭后部相对。发音时，声带颤动，软腭上升，关闭鼻腔通路。

发音提示：发音时，喉部和下巴应保持松弛自然状态，不要有憋、挤、僵硬的感觉，使气流均匀通畅地通过发音器官。

练习材料：

单音节

喀、哈、拿、哒、怕、蛙、踏、骂、葩

妈、发、他、炸、叉、擦、卡、娜、疤

双音节

喇叭、大巴、打靶、大厦、爸爸、妈妈、拉萨、打蜡、哈达

发达、咔嚓、砝码、嘎巴、吧嗒、沙发、哪怕、大码、打发

四音节

八拜之交、大智若愚、八面玲珑、煞费苦心

拉帮结派、牙牙学语、跋山涉水、拔刀相助

绕口令

妈妈骑马 a

妈妈骑马,马慢妈妈骂马。

胖娃娃和大花活蛤蟆 a

一个胖娃娃,捉了三个大花活蛤蟆。

三个胖娃娃,捉了一个大花活蛤蟆。

捉了一个大花活蛤蟆的三个胖娃娃,

真不如捉了三个大花活蛤蟆的一个胖娃娃。

张大妈、夏大妈 a

张大妈、夏大妈,

你看咱们的好庄稼,

高的是玉米,

低的是芝麻,

开黄花紫花的是棉花,

圆溜溜的是西瓜,

谷穗长得像镰把,

钩着想把地压塌。

张大妈、夏大妈,

边看边乐笑哈哈。

哑巴喜欢喇叭 a

哑巴碰见大妈,

嘴里咿里哇啦。

大妈问哑巴说啥,

哑巴瞧瞧大妈,

指指墙上喇叭,

手还比比画画,

大妈这才明白,

哑巴喜欢喇叭。

2. o 舌面后半高圆唇元音

发音要领：上下唇自然拢圆，舌体后缩，舌面后部隆起，和软腭相对，舌位半高。发音时，声带颤动，软腭上升，关闭鼻腔通路。

发音提示：发音时唇部应自然收拢，不应向前撅起。

练习材料：

单音节

脖、寞、摸、播、破、膜、佛、颇、跛

叵、握、波、藩、漠、抹、勃、魄、婆

双音节

波兰、拨款、破费、末尾、模式、佛教、佛号、魔术、破绽

抹杀、墨菊、筥箩、博古、波涛、驳斥、渤海、薄荷、破除

四音节

迫在眉睫、莫逆之交、波涛汹涌、博学多才

破釜沉舟、波澜壮阔、摸爬滚打、莫名其妙

绕口令

收萝卜 o

洪小波与白小果，拿着箩筐收萝卜。

洪小波收的是白萝卜，白小果收的是红萝卜。

婆婆和嬷嬷 o

婆婆和嬷嬷，来到山坡坡。

婆婆默默采蘑菇，嬷嬷默默拔萝卜。

婆婆拿了一个破簸箕，嬷嬷带了一个薄筥箩。

婆婆采了半簸箕小蘑菇，嬷嬷拔了一筐箩大萝卜。

婆婆采了蘑菇换饽饽，嬷嬷卖了萝卜买馍馍。

3. e 舌面后半高不圆唇元音

发音要领：口半闭，嘴角向两边微展，舌体后缩，舌尖离下齿背较远，舌面比元音o略高而偏前。发音时，声带颤动，软腭上升，关闭鼻腔通路。

发音提示：为了更好地体会e音舌位，可用o发音时的舌头位置来带动。o与e发音时，舌头位置是一样的，区别主要在于唇形的圆展差异。所以只要先发o，体会舌头后缩、舌根上抬的位置与状态，在这个基础上，边发o音边将唇形缓缓展开，形成不圆唇形，就能找到e音的标准舌头位置了。

练习材料：

单音节

贺、勒、鹅、合、特、热、德、涩、割

可、磕、饿、册、哥、壳、瑟、择、客

双音节

合辙、割舍、色泽、瑟瑟、客车、折射、塞责、特赦、隔阂

隔热、菏泽、特色、折合、苛刻、歌德、合格、讷讷、哥哥

四音节

和气生财、特立独行、择善而从、歌舞升平

热血沸腾、各奔前程、侧目而视、乐不思蜀

绕口令

鹅和河 e

坡上立着一只鹅，

坡下就是一条河。

宽宽的河，肥肥的鹅，

鹅要过河，河要渡鹅。

不知是鹅过河,

还是河渡鹅。

阁上一窝鸽 e

阁上一窝鸽,鸽渴叫咯咯。

哥哥登阁搁水给鸽喝,鸽子喝水不渴不咯咯。

鸽和鹅 e

天上一群大白鸽,河里一群大白鹅。

白鸽尖尖红嘴壳,白鹅曲项向天歌。

白鸽剪开云朵朵,白鹅拨开浪波波。

白鸽白鹅碧波蓝天真快乐。

4. i 舌面前高不圆唇元音

发音要领:发音时,口腔开度较小,舌尖在下齿背,舌中部隆起,前舌面上升接近硬腭,气流通道狭窄,但不应使气流产生摩擦,嘴角向两边展开成扁平状。练习时,尽量把口腔打开些,舌位稍后些,把窄元音发宽。

发音提示:i音是单韵母里舌位靠前且高的音,发音时声音会呈现略扁的音质,所以在练习时,要找到适度拉开口腔发音的感觉,也就是将偏扁偏窄的音发得更宽、更通畅一些。

练习材料:

单音节

例、地、洗、辟、级、劈、戏、习、衣

泥、挤、踢、琦、忆、啤、臂、谜、计

双音节

契机、嫡系、遗弃、犀利、基地、积极、厘米、比例、吸气

笔记、比拟、体系、霹雳、机密、袭击、机器、地理、激励

四音节

疾言厉色、离合悲欢、离题万里、体无完肤

历历在目、地大物博、立竿见影、力不从心

绕口令

学捏梨 i

小丽小齐学捏梨。

盘里放着一个梨,

桌上放块橡皮泥。

眼看梨,手捏泥。

一会儿捏成一个梨。

比一比,真梨假梨差不离。

七个阿姨来摘果 i

一二三四五六七,

七六五四三二一。

七个阿姨来摘果儿,

七个花篮手中提。

七个果子摆七样:

苹果、桃子、石榴、柿子、李子、栗子、梨。

人心齐,泰山移 i

人心齐,泰山移。

男女老少齐出力,

要与老天比高低。

挖了干渠几十里,

保浇了万亩良田地。

5. u 舌面后高圆唇元音

发音要领：发音时，口腔外部开度较小，舌头后缩，舌尖离下齿背稍远，舌根上升接近软腭，气流通路狭窄，嘴唇拢圆，如吹气状，声音较闷，音色偏暗。

发音提示：虽然从外面看，u音的口腔开度较小，但发音时，口腔内部的开度仍是需要保障的。只有口腔内有足够的开度，舌根才能充分后缩到u音的舌位上。另外，由于u音的舌位是单韵母里最靠后且位置最高的，所以u音的音色容易闷暗。发音时应注意将舌头的位置适当往前整体移动一些，做到靠后的音往前送，避免闷暗。

练习材料：

单音节

猪、怒、鲁、醋、胡、鼓、舞、母、组

苏、福、故、顾、如、虎、素、雾、捕

双音节

酷暑、互助、祝福、督促、读物、胡房、住宿、露珠、瀑布

幅度、服务、糊涂、附属、出路、出租、初步、辜负、鼓舞

四音节

古今中外、路不拾遗、不声不响、怒目而视

无中生有、狐假虎威、木已成舟、苦中作乐

绕口令

老屋老 u

老屋老，老屋污，老屋经雨老屋涝。

老屋老，老屋孤，老屋经风老屋秃。

老屋涝，老屋秃，涝、老、污、秃是老屋。

湖州和福州 u

湖州人穿西服和福州人玩西湖。

福州人喜欢湖州西服，湖州人喜欢福州西湖。

福州人掉进了湖州人喜欢的福州西湖,
湖州人脱下了福州人喜欢的湖州西服,
跳进了湖州人喜欢的福州西湖。
掉进湖州人喜欢的福州西湖的福州人没有浮,
跳进了福州西湖去救福州人的湖州人抓住了西葫芦。

小黑虎数猪 u

爷爷领着孙子小黑虎,来到猪圈数黑猪。
黑猪圈在猪圈里,各个猪圈都有猪。
小黑虎不马虎,挨着个儿地把猪数。
黑猪围着小黑虎,转来转去乱乎乎。
黑虎数了半天小黑猪,
不知哪些黑猪挨过黑虎数,也不知黑虎数过哪些小黑猪。
逗得爷爷抿嘴笑,急得黑虎直要哭。
爷爷说:"小黑虎,你别哭,一共十五头小黑猪。"

画葫芦 u

胡图用笔画葫芦,葫芦画得真糊涂。
糊涂不能算葫芦,要画葫芦不糊涂。
胡图决心不糊涂,画出一只大葫芦。

6. ü 舌面前高圆唇元音

发音要领:发音时,口腔开度较小,唇圆收成扁平形小孔,双唇聚拢,稍向前撮,没有u音圆,舌位比i音微微靠后一点。

发音提示:在练习时,如果念不准ü,可以先念i,再将声音拖长,逐渐收敛嘴角,当口形成为圆形,就变成ü了。

练习材料:

单音节

橘、铝、趋、嘘、徐、迂、娶、女、剧

许、驴、去、举、鱼、叙、居、毓、屈

双音节

絮语、聚居、吕剧、语序、序曲、屡屡、玉宇、渔具、橘绿
曲剧、屈居、豫剧、区域、女婿、旅居、语句、须臾、浴具

四音节

屡战屡胜、曲高和寡、雨过天晴、旭日东升
局促不安、嘘寒问暖、渔翁得利、与虎谋皮

绕口令

吃橘子 ü

吃橘子，剥橘皮，橘皮抛在角落里。
不吃橘子，不剥橘皮，橘皮也不抛在角落里。

卖鱼和牵驴 ü

老齐欲想去卖鱼，巧遇老吕去牵驴。
老齐要用老吕的驴去驮鱼，老吕说老齐要用我的驴驮鱼就得给我鱼。
要不给我鱼就别用我老吕的驴去驮鱼，二人争来争去没完没了误了去赶集。

村里新开一条渠 ü

村里新开一条渠，
弯弯曲曲上山去。
河水雨水渠里流，
满山庄稼一片绿。

7. ê 舌面前半低不圆唇元音

发音要领：发音时口腔半开，舌位靠前半抵，舌尖轻触下齿背，舌面前部隆起，嘴角向两边微展，发声时声带颤动，软腭抬起。

发音提示：普通话里ê只与i、ü相拼，构成ie和üe两个复韵母，所以练习时，可借助这两个韵母的发音来具体体会。

练习材料：

单音节

削、瘪、佝、谐、铁、越、瘸、跌、绝

别、灭、虐、节、蝶、咧、约、惬、学

双音节

解决、烈血、谢绝、缺血、雀跃、喋血、协约、确切、跃跃

决裂、解穴、爹爹、谢谢、姐姐、斜街、歇业、结节、月缺

四音节

接踵而至、跃马扬鞭、雪中送炭、绝处逢生

别出心裁、接连不断、列祖列宗、月黑风高

8. er 舌尖中不圆唇卷舌元音

发音要领：发音时，口腔介于半开半闭之间，舌位与中央e一样，然后舌尖对着硬腭轻巧地向上一卷。

发音提示：er韵母虽然写作两个字母，但是它们合起来只发一个音，所以它仍是单韵母。如果对着镜子练习，发音时应该可以看见舌前部的底面。如果看不见，就说明这个音没有发好。另外，er只能自成音节，一般读本音，不和声母相拼。当读序数词"二"时，读音应变为[ar]。

练习材料：

单音节

贰、饵、儿、尔、洱、二、而、耳、迩

双音节

耳洞、二百、儿女、儿歌、二胡、而后、耳语、而论、儿化

耳轮、而今、而且、耳环、洱海、二黄、儿戏、二十、耳朵

四音节

儿行千里、尔虞我诈、二龙戏珠、耳熟能详

二人同心、耳听八方、耳闻目睹、而立之年

9. -i[前] 舌尖前元音

发音要领：口微张，嘴角向两边展开，舌尖轻触下齿背，舌尖前部和上齿背保持适当距离，发音时声带颤动，软腭上升抬起。

发音提示：这个单韵母在普通话中不会单独出现，它只与声母z、c、s相拼成音。

练习材料：

单音节

籽、死、泗、磁、次、子、恣

双音节

子嗣、自私、刺死、字词、此次、孜孜

四音节

自吹自擂、四平八稳、此伏彼起、慈眉善目

10. -i[后] 舌尖后元音

发音要领：口微张，嘴角向两边微展，舌前端抬起与硬腭前部保持适当距离。

发音提示：这个单韵母不会单独出现，它只与声母zh、ch、sh、r相拼成音。

练习材料：

单音节

指、释、斥、制、失、石、痴、日、时

知、吃、耻、掷、叱、始、直、池、饰

双音节

史诗、失职、日志、咫尺、直至、指斥

事实、食指、迟滞、市值、值日、日食

四音节

指鹿为马、只言片语、痴心妄想、知己知彼

事半功倍、迟暮之年、知错能改、事在人为

三、复韵母

(一) 什么是复韵母

复韵母是由两个或三个元音复合而成的。

由两个元音构成的叫作二合复韵母,其中韵腹处在开头位置的叫作前响复韵母,共有四个:ai、ei、ao、ou。韵腹处在末尾位置的叫后响复韵母,共有五个:ia、ie、üe、ua、uo。

由三个元音构成的叫作三合复韵母,因为韵腹处在中间又叫中响复韵母,共有四个:iao、iou、uei、uai。

(二) 动程

(1) 在复韵母发音过程中,舌位的高低、前后,以及唇形的圆展都会发生连续的变化,我们称之为动程。

(2) 在舌头移动过程中,发出的音色会随之变化。这些变化就是由于发音时舌头在口腔内滑动而产生的。

(三) 复韵母发音的特点

(1) 复韵母是由两个或三个单元音复合而成的,并不是元音之间简单的相加。

(2) 从一个元音过渡到另一个元音时,应注意唇形的圆展、舌位的高低前后,以及口腔开度的连续、连贯滑动变化。发音时,由于两个音之间没有明显的界限,所以不可出现断续的感觉。

(3) 复韵母的开头、中间、结尾的元音部分，总有一段是清晰响亮、发音稍长的，这个元音也就是韵腹。

(四) 前响复韵母的发音及训练

训练提示：元音的舌位都是由低向高滑动，开头的元音音素清晰，收尾的元音音素轻短模糊，舌位移动的终点不太确定。

1. ai

发音要领：a处于略前而高的位置，口腔开度不大；i也只是表示舌头移动的方向，实际发音时舌尖到不了i的位置。音节中a应发得清晰响亮，i应发得轻短稍弱，并适度打开口腔发音，避免发音位置过于靠前，如图2-4所示。

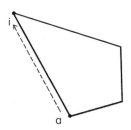

图2-4 复韵母ai舌位图

练习资料：

单音节

爱、氨、带、崴、开、台、拍、还、塞

改、买、窄、拆、掰、灾、赖、来、哉

双音节

买卖、晒台、海带、灾害、拆台、开赛、摆开、爱戴、白改

埋汰、皑皑、在外、采摘、白菜、彩排、拍卖、带来、掰开

四音节

开国元勋、拍案而起、塞翁失马、哀鸿遍野

爱不释手、来龙去脉、海底捞针、外强中干

绕口令

掰白菜 ai

掰白菜，搬白菜，掰完白菜搬白菜，搬完白菜掰白菜。

小艾和小戴 ai

小艾和小戴，一起来买菜。
小艾把一斤菜给小戴，小戴有比小艾多一倍的菜。
小戴把一斤菜给小艾，小艾小戴就有一般多的菜。
请你想想和猜猜：小艾小戴各买了多少菜？

白菜和海带 ai

买白菜，搭海带，不买海带就别买大白菜。
买卖改，不搭卖，不买海带也能买到大白菜。

两个排 ai

营房里出来两个排，直奔正北菜园来。
一排浇菠菜，二排砍白菜。
剩下八百八十八棵大白菜没有掰。
一排浇完了菠菜，又把八百八十八棵大白菜掰下来。
二排砍完白菜，把一排掰下来的八百八十八棵大白菜背回来。

2. ei

发音要领：ei里的e是一个前半高不圆唇元音，舌位比i低一点。它与前面提到的单元音e并不是同一音位，只是写法相同。ei里i的舌位比单发的i略低，舌高点略偏后。前面的音素e要发得清晰、响亮，后面的音素i要发得轻短较弱，如图2-5所示。

第二章 语音与正音

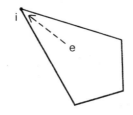

图2-5 复韵母ei舌位图

练习资料：
单音节

磊、胚、霉、倍、北、费、媚、馁、飞

昧、贼、悲、雷、悖、嘿、废、杯、内

双音节

狒狒、黑霉、匪类、妹妹、非得、黑煤、北非、北美、酶类

蓓蕾、肥美、累累、非得、违背、贝类、配备、贼匪、黑妹

四音节

雷厉风行、为所欲为、黑白分明、贼喊捉贼

背道而驰、美轮美奂、飞蛾扑火、杯水车薪

绕口令

肥混肥 ei

黑肥混灰肥，灰肥混黑肥。

黑肥混灰肥，黑肥灰又黑。

黑肥混灰肥，肥比黑肥灰。

灰肥混黑肥，肥比灰肥黑。

乌鸦说黑猪 ei

乌鸦站在黑猪背上说黑猪黑，

黑猪说乌鸦比黑猪还要黑，

乌鸦说它虽身比黑猪黑但嘴不黑，

黑猪听罢笑得嘿嘿嘿。

3. ao

发音要领：ao发音时，由于受到后半高元音o的影响，a处于比较靠后的位置，舌位也会略高一点；o也同时受到a的影响，舌位比单发音时稍低，嘴唇略圆，同时要注意后音前发，如图2-6所示。

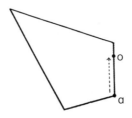

图2-6　复韵母ao舌位图

练习资料：

单音节

髦、帽、膏、蹈、恼、佬、抛、矛、宝
告、槽、巢、岛、稿、铐、药、饶、好

双音节

跑道、抱牢、操劳、毫毛、号啕、冒号、高傲、招考、老道
犒劳、敖包、骚扰、好找、逃跑、报告、抛锚、牢靠、讨好

四音节

毛骨悚然、包罗万象、报仇雪恨、稍胜一筹
老当益壮、操之过急、草木皆兵、劳苦功高

绕口令

绕 ao

天下事，一大绕，看你会绕不会绕。
会绕无绕绕千绕，不绕有绕绕绕跑，
有时绕绕绕难绕，硬着头皮再绕绕。
往左绕，往右绕，往前绕，往后绕，

东西南北绕四绕,绕绕绕绕绕绕好。
绕绕绕,绕绕绕,绕绕绕绕复绕绕,
绕绕绕绕绕好了。

包枣包 ao
包枣包,包包枣,枣包包枣枣包好。
宝宝吃枣包,枣包吃个饱。

4. ou

发音要领:ou里的o比单发时舌高点略高且略前。发音时,舌尖微触下齿背,唇形没有单元音o圆,双唇略撮,o发得较长且响亮,舌位向u的方向滑动,u口腔开度略大,但唇形略扁,发音较短,如图2-7所示。

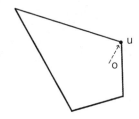

图2-7 复韵母ou舌位图

练习资料:

单音节

漏、剖、寇、透、肉、艘、蔻、否、够
扣、偻、邹、凑、谋、头、揉、兜、喉

双音节

绸缪、佝偻、后头、收受、漏斗、喉头、豆蔻、抖擞、授首
丑陋、凑手、叩头、兜售、后沟、叩首、欧洲、瘦肉、守候

四音节

漏洞百出、后发制人、收之桑榆、谋财害命

厚此薄彼、手忙脚乱、臭名远扬、剖腹藏珠

绕口令

找裂口 ou

李小牛，往前走，脚下踢起一颗豆。
捡起豆，四下瞅，一辆大车往前走，
"老爷爷，慢点走，车上麻袋有裂口。"
大车停下不再走，找呀找，找裂口，
找到了，缝裂口，老爷爷乐得直点头。

黄狗咬我手 ou

清早上街走，
走到周家大门口。
门里跳出只大黄狗，
朝我哇啦哇啦一通吼。
我拾起石头打黄狗，
黄狗跳上来就咬我手。
也不知我手里的石头打没打着周家的大黄狗，
周家的大黄狗咬没咬着我的手。

(五) 后响复韵母的发音及训练

训练提示：舌位由高向低滑动，收尾的元音音素响亮清晰，在韵母中处在韵腹的地位。舌位移动的终点是确定的。开头的元音音素由i、u、ü充当，相对不太响亮、较为短促，但由于其处在韵母的韵头位置，所以发音并不模糊。

1. ia

发音要领：ia在发音时，由于受高元音i的影响，a的舌位会稍高一些，口腔开度比单发音时稍闭。同样，i也会受央低元音a的影响，舌位稍降。i、a相比，i的发音短暂，且具过渡性；a的发音较为响亮，时长也较长，如图2-8所示。

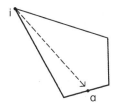

图2-8 复韵母ia舌位图

练习资料:

单音节

暇、俩、掐、伽、夹、嗲、假、辖、加

卡、夏、夹、贾、洽、吓、架、虾、恰

双音节

架下、下嫁、贾家、恰恰、加价、下辖

下压、假牙、下家、吓吓、加压、家家

四音节

虾兵蟹将、假公济私、侠肝义胆、恰如其分

加官晋爵、家常便饭、夹道欢迎、掐头去尾

绕口令

分不清是鸭还是霞 ia

水中映着彩霞,水面游着花鸭。

霞是五彩霞,鸭是麻花鸭。

麻花鸭游进五彩霞,五彩霞网住麻花鸭。

乐坏了鸭,拍碎了霞,分不清是鸭还是霞。

贾家养虾 ia

贾家有女初出嫁,嫁到夏家学养虾。

喂养的对虾个头儿大,卖到市场直加价。

贾家爹爹会养鸭，鸭子虽肥伤庄稼。

邻里吵架不融洽，贾家也学养对虾。

小虾卡住了鸭子牙，大鸭咬住了虾的夹。

夏家公公劝，贾家爹爹压，

大鸭不怕吓，小虾装得噏，夏家贾家没办法。

2. ie

发音要领：ie里的e是一个前半低不圆唇元音，在拼音中记作ê。发音时，舌面略向硬腭上升，舌尖始终不离开下齿背。i的发音较短暂，ê的发音较响亮，如图2-9所示。

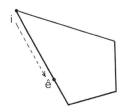

图2-9　复韵母ie舌位图

练习资料：

单音节

窃、街、洁、孽、且、别、蟹、些、憋

咧、妾、铁、姐、茄、写、猎、谐、瞥

双音节

贴切、姐姐、斜街、节烈、结界、趔趄、怯怯、铁屑、铁血

谢谢、结业、结节、爹爹、喋喋、歇业、接卸、窃窃、解结

四音节

接踵而至、铁面无私、别出心裁、怯声怯气

借刀杀人、喋喋不休、切肤之痛、列祖列宗

绕口令
孩子和鞋子 ie

孩子是孩子，鞋子是鞋子，孩子不是鞋子，鞋子不是孩子。

是孩子穿鞋子，不是鞋子穿孩子，谁分不清鞋子和孩子，谁就念不准鞋子和孩子。

3. ua

发音要领：发音时，u的发音短暂，口腔稍开，舌位稍降；a的发音较为响亮，唇形比单发时稍圆，口腔稍开。注意后音前发，如图2-10所示。

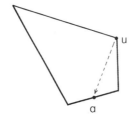

图2-10　复韵母ua舌位图

练习资料：

单音节

唰、垮、划、挂、跨、抓、寡、哇、刮

袜、滑、花、夸、化、卦、蛙、话、爪

双音节

挂瓦、画画、刮花、花瓜、耍滑、花滑

花袜、挂花、划花、娃娃、挂画、画卦

四音节

花前月下、抓耳挠腮、瓜田李下、花红柳绿

华而不实、夸夸其谈、画饼充饥、化整为零

绕口令

画画 ua

小华举花小花画，小花画画看小华。

小华问小花，画上画了啥？

小花举画答小华，画中有花有小华。

瓜瓜笑娃娃 ua

金瓜瓜，银瓜瓜，瓜棚上面结满瓜。

瓜瓜落下来，打着小娃娃。

娃娃怪瓜瓜，瓜瓜笑娃娃。

4. uo

发音要领：发音时，由u的舌位向o移动，但是u比单发时的唇形略大，发得轻短；o比单发时口腔稍闭，唇形稍圆，并比单发音时舌位略低，发得响而长。需要提醒的是，uo的发音动程窄，容易发成类似单韵母的感觉，注意应在合口后，快速打开口腔内部，如图2-11所示。

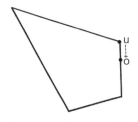

图2-11　复韵母uo舌位图

练习资料：

单音节

扩、霍、弱、拓、嚓、剁、锅、豁、裸

国、昨、蹉、诺、阔、过、缩、罗、妥

双音节

说过、坐卧、坐落、懦弱、祸国、骆驼、火锅、着落、活络

脱落、过火、阔绰、过错、陀螺、啰唆、落座、做作、戳托

四音节
落叶归根、或多或少、过目不忘、火冒三丈
活灵活现、缩手缩脚、多如牛毛、过犹不及

绕口令
菠萝与陀螺 uo
坡上长菠萝，坡下玩陀螺；
坡上掉菠萝，菠萝砸陀螺；
砸破陀螺补陀螺，顶破菠萝剥菠萝。

大锅和小锅 uo
大哥有大锅，二哥有小锅，
大哥要换二哥的小锅，
二哥不换大哥的大锅。

5. üe

发音要领：üe里e与ie中的e属同一元音ê。发音时，由ü的舌位向ê移动，而这里ê的实际发音舌位接近于单元音ê的舌位，需要注意撮口唇形。发ü时较轻短，发ê时响而长，如图2-12所示。

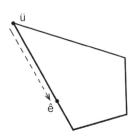

图2-12　复韵母üe舌位图

练习资料：

单音节

鹊、掠、薛、玥、掘、穴、撅、榷、靴

缺、乐、瘸、虐、约、绝、却、学、雪

双音节

跃跃、薛岳、掘穴、决绝、雪月、雪靴

雀跃、略略、月缺、月月、绝学、约略

四音节

缺一不可、血口喷人、学无止境、略见一斑

绝处逢生、缺斤少两、月黑风高、绝无仅有

绕口令

真绝 üe

真绝、真绝，真叫绝，皓月当空下大雪。

麻雀游泳不飞跃，鹊巢鸠占鹊喜悦。

(六) 中响复韵母的发音及训练

训练提示：中响复韵母是三合元音，是由二合元音前面加上介音 i、u 构成的。发音时，舌位由高向低滑动，再由低向高滑动。相比起来，开头的元音音素不太响亮，比较短促，中间的元音音素响亮清晰，收尾的元音音素轻短弱收。

1. iao

发音要领：发音时，在 ao 的基础上增加了 i 到 ao 的发音动程，ao 中的 a 舌位稍高且唇形略扁，这是由于受到了 i 的影响。i 的舌位比单元音 i 更高，与上腭接近甚至稍有摩擦，而且发得轻短，a 发得响亮，最后 o 的实际发音趋向 u 的舌位，如图 2-13 所示。

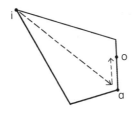

图2-13 复韵母iao舌位图

练习资料：

单音节

飙、邀、枭、辽、叼、脚、焦、喵、妙
瞭、胶、漂、眺、尿、肖、叫、樵、表

双音节

笑料、胶料、逍遥、吊桥、叫嚣、娇小、飘摇、调料、调教
萧条、巧妙、教条、小巧、缴交、交角、秒表、疗效、小调

四音节

巧夺天工、条条框框、妙不可言、脚踏实地
腰缠万贯、表里如一、调虎离山、交头接耳

绕口令

辣椒和花椒 iao

辣椒辣，花椒麻。辣椒比花椒辣，花椒比辣椒麻。
花椒辣椒麻辣麻辣，辣椒花椒辣麻辣麻。

表和鸟 iao

水上漂着一只表，表上落着一只鸟。
鸟看表、表瞪鸟，鸟不认识表，表不认识鸟。

2. iou

发音要领：在发音时，是在ou的基础上增加了韵头i的发音动程，舌位由前高不圆唇i向后高移动，发音时i发得轻而短，o发得清晰并快速向u过渡归韵，最后舌位到达后高，收于圆唇，整个过程唇形由展唇到圆唇，舌位由前高到后高，如图2-14所示。

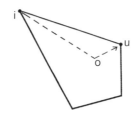

图2-14　复韵母iou舌位图

练习资料：

单音节

谬、鸠、溜、酋、油、羞、丢、舅、袤

秀、犹、友、妞、纠、硫、邱、袖、酒

双音节

幽幽、悠久、酒友、九流、妞妞、牛油、优秀、流油、九六

球友、旧友、绣球、有救、求救、舅舅、久留、悠悠、黝黝

四音节

有板有眼、九五之尊、修身养性、旧地重游

流言蜚语、求贤若渴、游刃有余、咎由自取

绕口令

舀油 iou

凉勺舀热油，热勺舀凉油。

凉勺舀了热油舀凉油，热勺舀了凉油舀热油。

春雨贵如油 iou

春雨贵如油，渠水是美酒。

美酒灌麦田，醉得麦田绿油油。

3. uai

发音要领：在ai的基础上增加了u到ai的发音动程，由于受到圆唇u音的影响，ai里的a变得稍圆。发音时，u发得轻短，a发得响亮，最后趋向i的舌位，整个发音过程里唇形舌位变化较大，如图2-15所示。

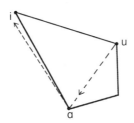

图2-15　复韵母uai舌位图

练习资料：

单音节

脍、蟀、拐、崴、踹、乖、帅、怀、歪

拽、甩、怪、侩、徊、坏、摔、率、外

双音节

摔坏、率领、衰竭、快乐、揣摩、甩卖

外快、外踝、乖乖、淮海、快拽、怀揣

四音节

怪声怪气、快步流星、歪风邪气、脍炙人口

外圆内方、拐弯抹角、率尔成章、快人快语

绕口令

槐树歪歪 uai

槐树歪歪，坐个乖乖，乖乖用手，摔了老酒。

酒瓶摔坏，奶奶不怪，怀抱乖乖，外出买卖。

4. uei

发音要领：发音时，ei的前面加了一段u的发音动程，舌位从后往前、先降后升，舌面前部向硬腭上升，不圆唇，韵尾i只表示元音活动的方向，如图2-16所示。

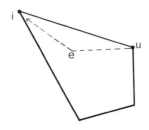

图2-16　复韵母uei舌位图

练习资料：

单音节

萃、魁、慧、挥、微、追、堆、推、愧

醉、兑、盔、睡、水、脆、碎、规、睿

双音节

追尾、最贵、溃围、水位、退位、回嘴、会徽、尾随、翠微

队徽、随队、坠毁、畏罪、追回、魁伟、荟萃、溃退、卫队

四音节

巍然屹立、位卑言轻、退避三舍、味如鸡肋

挥金如土、威武不屈、追名逐利、灰心丧气

绕口令

出对，对对 uei

出对易，对对易，对易易对对对易；

出对难，对对难，对难难对对对难。

灰和龟 uei

远望一堆灰，近看一只龟。
龟蹬灰，灰就飞，灰飞龟背灰呛龟。
龟吹灰，要下水，水洗龟背灰，龟游直摆尾。

魏老六喝酒 uei

醉鬼魏老六，喝酒没个够。
一杯又一杯，最后对瓶吹。
喝完往家走，怀揣一瓶酒。
歪歪扭扭走得快，一脚踹上个大石头。
酒瓶没摔坏，脚崴架双拐。

四、鼻韵母

(一) 什么是鼻韵母

复合鼻尾音韵母简称鼻韵母。鼻韵母是由元音后面带鼻辅音n或ng组成的韵母。发音时，发音器官由元音的发音状态向鼻音的发音状态逐步变化，软腭下垂，最后完全变成鼻音。

(二) 鼻韵母的分类

普通话中带鼻音的韵母共有16个，可分为舌尖鼻韵母"n"和舌根鼻韵母"ng"两类，又称为前鼻音韵母和后鼻音韵母。前鼻音韵母有an、en、ian、in、uan、uen、üan、ün；后鼻音韵母有ang、eng、iang、ing、uang、ueng、ong、iong。

(三) 鼻韵母的发音特点

(1) 鼻韵母的发音是由元音状态向鼻音状态逐渐变化的过程。

(2) 注意元音不要鼻音化。

(3) 做声母的n和做辅音的n发音不同。

(4) 把握发音时舌位动程的趋向。发前鼻韵时，舌体呈向前向上的运动趋势；发后鼻韵时，舌体呈向后向上的运动趋势。

(四) 前鼻音韵母发音方法及训练

训练提示：发前鼻韵尾n时，舌尖收到n音位置上，但是没有除阻过程。舌尖不能放在两齿之间，要归韵到上齿龈。

1. an

发音要领：发音时，an中a的舌位由于受到前鼻韵尾n的影响，处于比较前的位置，为前低不圆唇元音；n的归音部位比它充当声母时稍靠后，如图2-17所示。

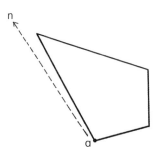

图2-17　鼻韵母an舌位图

练习资料：

单音节

版、澜、侃、瀚、杆、碳、苒、菀、伞
餐、伴、蛮、坎、岚、谈、碗、敢、帆

双音节

看摊、闪战、散漫、反弹、寒山、展览、懒汉、泛滥、繁难
胆敢、单干、蛮干、难堪、胆战、黯然、参赞、餐饭、摊贩

四音节

弹尽粮绝、范水模山、按部就班、惨不忍睹

三心二意、半路出家、慢条斯理、万古长青

绕口令

搬木板 an

搬木板摆木板,摆木板搬木板。

摆罢木板搬木板,搬罢木板摆木板。

先搬木板,后摆木板;后摆木板,先搬木板。

搬木板又摆木板,块块木板搬摆完。

学习就怕满、懒、难 an

学习就怕满、懒、难。

心里有了满、懒、难,

不看不钻就不前。

心里丢掉满、懒、难,

永不自满,边学边干,

蚂蚁也能搬泰山。

2. en

发音要领:发音时,e的舌位比单发时靠前,舌头处于静止的位置,接着舌位升高,舌尖顶住上齿龈,软腭下垂,气流从鼻腔流出,归音到前鼻辅音n上,如图2-18所示。

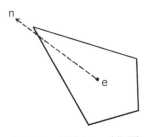

图2-18 鼻韵母en舌位图

练习资料:

单音节

奔、岑、分、神、粉、奋、跟、甚、很

枕、恨、伸、肯、真、门、焖、嫩、盆

双音节

纷纷、人身、奋身、认真、深圳、分身、神人、分神、粉尘

真人、门诊、沉闷、深沉、根本、焚身、很笨、审慎、根深

四音节

本来面目、本末倒置、笨鸟先飞、纷至沓来

纷纷攘攘、喷薄欲出、深情厚谊、沉鱼落雁

绕口令

闷娃和笨娃 en

闷娃闷,笨娃笨。闷娃嫌笨娃笨,笨娃嫌闷娃闷。

闷娃说笨娃我闷你笨,笨娃说闷娃我笨你闷。

也不知闷娃笨还是笨娃闷。

3. in

发音要领:发音时,舌尖抵住下齿背发出 i 音,然后舌尖上举顶住上齿龈,同时软腭下降,气流从鼻腔流出。发音时应有意识地将 i 的开口度适当扩大,以增加声音的圆润度,如图 2-19 所示。

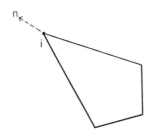

图 2-19 鼻韵母 in 舌位图

练习资料:
单音节
彬、新、进、紧、斤、林、蔺、民、敏
拼、亲、寝、勤、心、蚌、音、引、您

双音节
濒临、仅仅、紧邻、近邻、尽心、薪金、亲近、引进、斤斤
饮品、信心、亲信、音信、心劲、邻邻、临近、心音、拼音

四音节
彬彬有礼、今非昔比、津津有味、因小失大
品头论足、品学兼优、心心相印、心安理得

绕口令
土变金 in
你也勤来我也勤,生产同心土变金。
工人农民亲兄弟,心心相印团结紧。

根连根 en、in
山上青松根连根,各族人民心连心,根连根,心连心,建设家园一股劲。

分银 in、en
隔墙听见人分银,不知多少人分多少银。
只听说人人分半斤银余银四两,人人分四两银余银半斤。

4. ian
发音要领:在an韵母前加了一个轻短的i韵头而成音,a处于较前且较高的位置。发音时,注意往返动程要宽,活动范围要稍大一些,如图2-20所示。

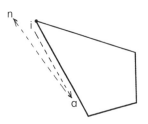

图2-20 鼻韵母ian舌位图

练习资料:

单音节

绵、联、扁、显、编、脸、尖、先、钱

嫌、涟、翩、舔、千、检、勉、恋、恬

双音节

骗钱、前年、天线、前线、浅见、变脸、癫痫、绵延、牵连

脸面、年间、年鉴、检点、联翩、垫肩、边沿、田边、简便

四音节

翩翩起舞、天长地久、变本加厉、念念不忘

坚强不屈、颠沛流离、年轻力壮、先来后到

绕口令

水连天 ian

天连水,水连天,水天一色望无边。

蓝蓝的天似绿水,绿绿的水如蓝天。

到底是天连水,还是水连天。

5. uan

发音要领:在an韵母前加了一个轻短的u韵头结合而成。发音时,a的舌位比单发时靠前,为前低不圆唇元音;u的口形比单发时稍圆,如图2-21所示。

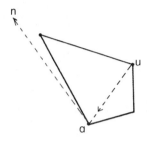

图2-21 鼻韵母uan舌位图

练习资料：

单音节

暖、赚、患、阮、传、窜、管、孪、欢

关、软、钻、涮、篡、砖、环、峦、款

双音节

弯管、软缎、婉转、乱窜、万贯、传唤、转款、串换、万端

酸软、算晚、环转、贯穿、宦官、转弯、缓缓、团团、换算

四音节

软硬兼施、款款而来、环环相扣、患难与共

关怀备至、乱世枭雄、弯弯曲曲、环肥燕瘦

绕口令

张家湾和李家湾 uan

从前有个张家湾，村前有座山；

从前有个李家湾，村后有个滩。

从张家湾到李家湾，要攀高高低低的山，要绕曲曲弯弯的滩。

打通山，填平湾，张家湾，李家湾，不爬山，不过滩，

一条大路平坦坦，来来往往不困难。

谁也不服管 uan

苏州玄妙观，东西两判官。

东判官姓潘，西判官姓管。

管判官要管潘判官，

潘判官要管管判官，

闹得谁也不服管。

河里有只船 uan

河里有只船，船上挂白帆。

风吹帆张船向前，无风帆落停下船。

6. uen

发音要领：发u音时，舌根抬高接近软腭且呈圆唇，要发得轻而短。紧接着，向央元音e的位置滑动，然后舌尖前伸抵住上齿龈，软腭下降，气流从鼻腔流出。发音时要注意u的圆唇与口腔开度的保持，还需注意中间的元音e是过渡性的，在非零声母音节中，中间的e会被习惯省略掉，写作un，如图2-22所示。

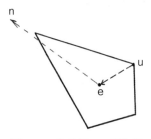

图2-22 鼻韵母uen舌位图

练习资料：

单音节

温、文、稳、问、抡、轮、论、坤、捆

魂、混、瞬、孙、损、村、存、困、昏

双音节

稳稳、昆仑、滚滚、温顺、温润、谆谆

伦敦、润唇、困顿、论文、春笋、混沌

四音节

温故知新、问寒问暖、稳稳当当、论功行赏

浑然一体、滚瓜烂熟、混淆视听、敦厚老实

绕口令

捆葱绳 uen

昆昆捆葱绳，葱绳捆得松。

绳松葱捆松，捆松捆漏葱。

昆昆拾葱捆葱绳，捆紧葱绳不掉葱。

7. üan

发音要领：发音时，a的舌位比单发时偏高，约在中部，实际上为ê音偏后的位置；ü的舌位较高且靠前，唇形较圆，如图2-23所示。

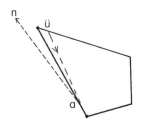

图2-23　鼻韵母üan舌位图

练习资料：

单音节

璇、全、娟、元、炫、劝、喧、愿、选

痊、圈、倦、圆、券、眷、远、卷、犬

双音节

泉源、选全、全权、渊源、全选、源源

源泉、轩辕、圆圈、卷卷、全员、涓涓

四音节

怨天尤人、喧宾夺主、原封不动、玄之又玄

绚烂多彩、原地踏步、轩然大波、远走高飞

绕口令

谁眼圆 üan

山前有个阎圆眼,山后有个阎眼圆。

二人山前来比眼,不知是阎圆眼的眼圆,还是阎眼圆的眼圆。

男演员、女演员 üan

男演员、女演员,同台演戏说方言。

男演员说吴方言,女演员说闽南言。

男演员演远东劲旅飞行员,女演员演鲁迅著作研究员。

研究员,飞行员,吴方言,闽南言,你说男女演员演得全不全。

8. ün

发音要领:发音时,先发圆唇撮口的ü,但唇形没有单发时那么圆,舌面接近硬腭。紧接着舌尖前抵上齿龈,软腭下垂,气流从鼻腔出,如图2-24所示。

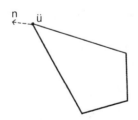

图2-24 鼻韵母ün舌位图

练习资料:

单音节

君、竣、菌、训、晕、云、陨、勋、均
俊、询、熏、蕴、裙、军、汛、群、韵

双音节

军训、均匀、芸芸、菌群、君权、循循
熏晕、群运、巡逻、寻觅、询问、俊俏

四音节

云开见日、循序渐进、循循善诱、群龙无首
训练有素、寻根问底、群策群力、君临天下

绕口令

白云与羊群 ün

蓝天上是片片白云,草原上是银色的羊群。
近处看,这是羊群,那是白云;
远处看,分不清哪是白云,哪是羊群。

(五) 后鼻音韵母发音方法及训练

训练提示:舌根鼻韵母中,a、o、e、i是韵腹,ng是韵尾;发后鼻音韵尾ng时,舌根抬起,收到舌根音的位置上,只是没有除阻过程。

1. ang

发音要领:发音时,ang中的a受后鼻韵尾ng的影响,处于较后的位置,为后低不圆唇元音,它的口腔开度大于单发的a,然后舌头后缩上提,舌根与软腭接触,口腔关闭,同时软腭下降,气流从鼻腔流出,如图2-25所示。

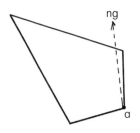

图2-25 鼻韵母ang舌位图

练习资料：

单音节

昂、盎、帮、棒、藏、苍、当、党、方

访、放、刚、岗、杠、行、胀、康、房

双音节

行当、长方、钢厂、厂方、上当、昂首、长大、航空、芳香

盎然、帮忙、厂房、商场、肛肠、沧桑、党章、当场、浪荡

四音节

昂首挺胸、方方正正、钢铁长城、掌上明珠

畅所欲言、康庄大道、当机立断、长歌当哭

绕口令

同乡不同行 ang

辛厂长，申厂长，同乡不同行。

辛厂长声声讲生产，申厂长常常闹思想。

辛厂长一心只想革新厂，申厂长满口只讲加薪饷。

2. eng

发音要领：发音时，e的舌位比单发时偏前且略低，然后舌根后缩与软腭接触，此时软腭下垂，气流从鼻腔流出。实际发音时，为增加声音响度，应适度增大口腔开度，如图2-26所示。

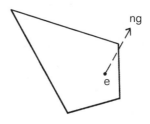

图2-26 鼻韵母eng舌位图

练习资料：

单音节

横、羹、坑、懵、缝、赠、藤、冷、蹬

僧、层、哼、等、能、彭、生、更、梗

双音节

乘风、风筝、萌生、更胜、冷风、增生、生成、成风、征程

丰登、风声、更盛、争胜、整风、蒸腾、逞能、省城、丰盛

四音节

成人之美、风花雪月、梦寐以求、乘龙快婿

登峰造极、更进一步、捧腹大笑、冷嘲热讽

绕口令

放风筝 eng

刮着大风放风筝，风吹风筝挣断绳。

风筝断绳风筝松，断绳风筝随风行。

风不停，筝不停，风停风筝自不行。

老僧念经 eng

一个老僧一本经，一句一行念得清。不是老僧爱念经，不会念经当不了僧。

3. ing

发音要领：发音时，舌尖接近上齿龈发出i音，舌面接近硬腭，然后舌头后缩，舌根与软腭接触，口腔关闭，同时软腭下降，气流从鼻腔流出。i的开口度应适当扩大，以增加声音的圆润度，如图2-27所示。

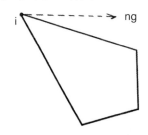

图2-27 鼻韵母ing舌位图

练习资料：

单音节

庆、龄、冰、鼎、竟、倾、形、萍、饼
盯、停、醒、警、咛、铭、岭、京、赢

双音节

英灵、影星、评定、定型、灵性、清净、星星、姓名、影评
领情、冰凌、明镜、兵营、叮咛、行径、经营、行星、另行

四音节

形单影只、行将就木、并驾齐驱、鼎力相助
听而不闻、病入膏肓、冰清玉洁、另寻出路

绕口令

天津和北京 ing

天津和北京，津京两个音。一个前鼻音，一个后鼻音。你要分不清，请您认真听。

蜻蜓青萍分不清 ing

蜻蜓轻，青浮萍，青萍上面停蜻蜓，蜻蜓青萍分不清。

别把蜻蜓当青萍，别把青萍当蜻蜓。

4. iang

发音要领：ang韵母前加了一个轻短的i韵头而成音，发音过程中iang韵母的动程较宽，ang由于受到i的影响，a的唇形稍扁，如图2-28所示。

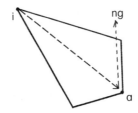

图2-28 鼻韵母iang舌位图

练习资料：

单音节

将、讲、枪、香、杨、姜、嫱、浆、酱

想、像、降、象、墙、匠、抢、腔、呛

双音节

向阳、踉跄、强项、洋姜、想象、江洋、想想、奖项、湘江

相像、讲讲、两江、亮相、像样、两厢、粮饷、洋枪、相向

四音节

将计就计、奖罚分明、江河日下、想入非非

相去无几、良药苦口、相形之下、将功赎罪

绕口令

画像 iang

想画像，就画像，画像不像不画像。

不画像，想画像，画像又嫌画不像。

画像不像现画像。

困难像弹簧 iang

困难像弹簧，看你强不强，你强它就弱，你弱它就强。

5. uang

发音要领：ang韵母前加了一个轻短的u韵头而成音。uang韵母的发音动程较宽，受到u的影响，a的唇形较圆，如图2-29所示。

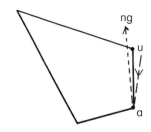

图2-29 鼻韵母uang舌位图

练习资料：

单音节

狂、矿、黄、广、晃、装、状、床、恍

创、妆、霜、光、慌、逛、咣、双、爽

双音节

皇庄、矿床、黄光、装潢、状况、往往、忘光、旺旺、装网

闯王、窗框、双簧、狂妄、网状、装筐、惶惶、狂涨、光芒

四音节

广开言路、光鲜亮丽、亡羊补牢、望尘莫及

窗明几净、旷日持久、汪洋大海、狂风暴雨

绕口令

王庄和匡庄 uang

王庄卖筐，匡庄卖网。

王庄卖筐不卖网,匡庄卖网不卖筐。
你要买筐别去匡庄去王庄,
你要买网别去王庄去匡庄。

6. ueng

发音要领:发音时,u要发得轻短,然后接着发eng。注意合口音u的唇形,以增加字音的准确和清晰度。在普通话中,ueng只能出现在零声母音节中,也就是说,它不能与任何辅音声母相拼,只能自成音节,如图2-30所示。

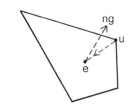

图2-30 鼻韵母ueng舌位图

练习资料:

单音节

翁、嗡、瓮、蓊

双音节

老翁、水瓮、渔翁、嗡嗡

四音节

瓮中捉鳖、瓮声瓮气

7. ong

发音要领:发音时,o的发音与单韵母o不同,它介于u和o之间,口腔开度比u的开度稍大,时长较短。然后舌根接触软腭,口腔通路封闭,发出鼻音,如图2-31所示。

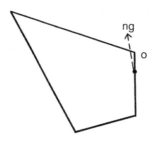

图2-31 鼻韵母ong舌位图

练习资料：

单音节

冲、总、重、孔、宠、崇、龙、轰、聪

红、工、松、动、宗、纵、空、中、从

双音节

冲动、通红、龙宫、共同、红彤、恐龙

洪钟、隆冬、隆重、轰隆、公共、红肿

四音节

红极一时、宠爱有加、重装上阵、重在参与

戎马生涯、动人心弦、功德无量、洪水猛兽

8. iong

发音要领：发音时，i韵头由于受到圆唇o的影响，唇形由扁趋圆，接近于ü，与j、q、x组成音节时，需要注意在发音开始时就要撮口，否则会影响发音的清晰度，如图2-32所示。

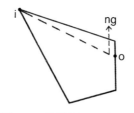

图2-32 鼻韵母iong舌位图

练习资料：

单音节

兄、茕、熊、凶、雄、邛、炯、穷、窘
用、迥、琼、穹、胸、汹、涌、勇、永

双音节

熊熊、汹涌、炯炯、茕茕、雄风、迥异
兄长、庸医、踊跃、邛崃、勇猛、用功

四音节

永垂不朽、勇气可嘉、庸人自扰、胸无大志
兄弟情深、用兵如神、穷则思变、汹涌澎湃

第四节　声调

教学目标：

在学习纯正普通话的过程中，声调起着非常大的作用，是字音抑扬的核心。通过本节的学习，应使声音具有抑扬顿挫的节律感和音乐性，并准确区别意义。

一、什么是声调

声调是一个音节所固有的且能够区别意义的声音的高低和升降，它贯穿音节的始终，主要作用在韵腹上。在普通话里一个音节就是一个汉字，所以声调又名"字调"，是汉语音节中不可缺少的部分，被形象地比喻为"字神"。

二、声调的作用

1. 声调的变化使得语言富有音乐性

声调的抑扬顿挫和明显的高低变化等特点，在使语言变得更富韵律的同时，也极大地增强了语言的美感。

例如：

我慢慢地、慢慢地了解到，所谓父女母子一场，只不过意味着，你和他的缘分就是今生今世不断地在目送他的背影渐行渐远。你站立在小路的这一端，看着他逐渐消失在小路转弯的地方，而且，他用背影默默告诉你：不必追。

——选自 龙应台《目送》

当我们用抑扬顿挫的语调朗读这段文字时，除了体悟和感受文字本身的深意之外，也能清晰地感受到由声调高低变化所带来的语言的音韵、节律之美。

2. 有区别意义的作用

例如：鼓励、孤立、故里、古礼

这四个词的声母、韵母都是相同的，但声调不同，所以词语的含义也就各不相同。

三、声调的特点和性质

1. 声调的特点

声调的高低、升降、曲直的变化，源于声带的松紧控制和共鸣的调节。在一个音节的发音过程中，声带可以自始至终保持一定的松紧，共鸣的调节也相应保持稳定，如阴平音节的发音；也可以先松后紧，共鸣调节由低到高，如阳平音节的发音；也可以松紧相间，共鸣调节由高到低再到高，如上声音节的发音；还可以先紧后松，共鸣调节由高到低，如去声音节的发音。

2. 声调的性质是由音高决定的

声调和音长、音强都有联系，但起决定作用的还是音高。需要注意的是，声调中的音高的高低是相对而言的，例如男性和女性由于受声带等生理构造及其他因素的影响，音高就是不同的。一般来说，声带松，单位时间内振动的频率低，音高就低；声带紧，单位时间内振动的频率高，音高就高。需要说明的是，音乐的音高是绝对音高，而声调的音高则是相对音高。

四、调值和调类

判断人们自然说话时声调纯正度的重要条件是音节的调值。调值，就是声调的实值，是声调的实际读法，也称作调形。

而调类则是对一种语言声调的分类，也就是把调值相同的音节归纳在一起所建立的类别。普通话有四个调类，分别是：阴平、阳平、上声和去声。

在普通话训练过程中，一般采用"五度音高标记法"来准确描述调值，并正确划分调类。具体做法是：将人们张嘴说话习惯用的那个声音高低区域看作每个人的自如声区。在一个自如声区内，最高音用5度表示，半高音用4度表示，中音用3度表示，半低音用2度表示，低音则用1度表示。当声音在自如声区中由高音向高音滑动时，为阴平调类，读作55调，也就是我们俗称的一声；当声音由中音上升到高音时，称为阳平，读作35调，这便是二声；当声音由半低音滑向低音再升到半高音时，称为上声，读作214调，这便是三声；当声音由高音下降到低音时，称为去声，读作51调，这便是四声，如图2-33所示。

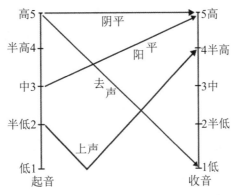

图2-33　声调调值图——"五度音高标记法"

五、声调的发音要领

阴平：高平调，调值55，发音时声带绷得最紧，要求高而平，不拐弯。

阳平：高升调，调值35，发音时声带从不紧不松到逐渐绷紧，再绷到最紧，要求直上扬，不拐弯。

上声：降升调，调值214，发音时声带从略微紧张开始，立刻松弛下来，稍微延长，然后迅速绷紧，但没有到最紧。发音时，要求先降再扬，拐弯处不憋挤、不折断，过渡自然，尾音弱收。

去声：全降调，调值51，发音时，声带从最紧开始，直到完全松弛为止。要求由高往低直下降，尾音不飘、不拐弯。

需要特别注意的是，音节中的"调值"欠缺，会影响到整个字音发音的准确性。由于受到方言语音语调的影响，一些同学说普通话时容易将方言音的调值直接套用为普通话的调值，并且长期错误使用，由此养成错误的发音习惯。这些错误习惯轻则影响语言面貌与发音美感，重则将影响主持节目时的整体听觉效果与信息的准确传递。

根据普通话语音课程多年的教学情况分析，一般普通话声调跟方言声调差异较大的地区，纠正起来反而很快；而越接近普通话调值的地区，纠正声调时问题则表现得相对顽固。通常这些地区的同学会用自己方言里与普通话相近、相似的声调直接替代普通话的原声调。例如，北方方言区里的东北地区同学，由于受方言调值的影响，就常将普通话里一声的55调发成53调，并且会在其朗读和自然说话的全过程里成系统地流露出这种发音缺陷。这种系统性的调值变化，常会被判定为语言面貌有方言语调缺陷。因此，我们必须重视声调发音时调值纯正度的细节训练。

六、声调的练习原则

声调的练习原则，可以用几句话来概括：音高要有限度，高而不喊；音低要有力度，低而不散；音高声要轻，轻而不浮；音低字要沉，沉而不浊；音量加大时，气足而不挫；音量减小时，气节而不衰。

同时，我们也可以用这样一条口诀来概括四声的发音特点：

阴平——起音高平莫低昂，气息平均不紧张。

阳平——从中起音向上扬，用气弱起逐渐强。

上声——先降后转向上挑，降时气稳扬时强。

去声——高扬直送向低走，强起弱降向低唱。

七、实训材料

1. 单音节字"夸大四声"

提示：在练习过程中四个声调调值要准确，要在抑扬顿挫的发音过程里感受声调的韵律与色彩。

bā bá bǎ bà　　　　　　pō pó pǒ pò
巴 拔 把 罢　　　　　　坡 婆 叵 破

māo máo mǎo mào　　　fāng fáng fǎng fàng
猫 毛 卯 帽　　　　　　方 房 仿 放

dī dí dǐ dì　　　　　　tōng tóng tǒng tòng
低 敌 底 地　　　　　　通 同 统 痛

niū niú niǔ niù　　　　liāo liáo liǎo liào
妞 牛 扭 拗　　　　　　撩 聊 了 料

gū gú gǔ gù　　　　　　kē ké kě kè
姑 骨 古 顾　　　　　　科 咳 可 刻

hān hán hǎn hàn　　　　jū jú jǔ jù
酣 含 喊 汉　　　　　　居 局 举 据

qīng qíng qǐng qìng　　xiāng xiáng xiǎng xiàng
青 情 请 庆　　　　　　香 降 想 象

zhī zhí zhǐ zhì　　　　chēng chéng chěng chèng
知 职 止 至　　　　　　称 成 逞 秤

shēn shén shěn shèn　　rū rú rǔ rù
申 神 沈 甚　　　　　　△ 如 乳 入

zuō zuó zuǒ zuò　　　　cāi cái cǎi cài
作 昨 左 做　　　　　　猜 才 采 菜

suī suí suǐ suì
虽 随 髓 岁

2. 双音节词

提示：在注意音高准确性的同时，还要注意双音节词与字之间的连贯性及词语的轻重格式。

(1) 阴阴

交通　咖啡　江山　编播　新编　西安
关心　丰收　天天　精心　拉丁　磋商
工兵　青春　播音　东风　周刊　沟通

(2) 阴阳

开怀　编排　加强　军团　乌贼　新闻
天堂　周年　发言　高潮　中国　星球
经营　金鱼　胸怀　三秦　偏旁　森林

(3) 阴上

刚果　编审　猜想　灯塔　签署　争取
根本　焦点　施展　资产　攀比　珠海
听讲　批准　艰险　酸雨　充满　班长

(4) 阴去

天籁　优越　规范　根据　夸耀　飞快
经济　庄重　街道　观众　希望　通信
欢笑　倾注　播送　单位　深入　声调

(5) 阳阴

国歌　群居　澄清　雄风　财经　农村
荣膺　成功　节约　国家　滑冰　承担
革新　存根　联欢　原封　前锋　围巾

(6) 阳阳

驰名　人民　随时　存栏　题材　球迷
国旗　停留　合格　石油　团结　滑翔
答题　吉祥　临时　灵活　农林　达成

(7) 阳上

邻里　绝响　驳倒　谜底　求索　门槛
迷惘　和好　防守　黄海　狭小　泉水
民主　读者　房产　勤恳　描写　存款

(8) 阳去
盘踞　模范　情愿　排练　雄厚　局势
豪迈　群众　格调　林业　悬念　存放
宁夏　勤奋　文件　革命　轮训　援助

(9) 上阴
广播　影星　请安　抢修　讲师　展开
纺织　转播　北京　领空　领先　美工
整装　许多　广西　指标　总攻　紧张

(10) 上阳
谴责　软席　抢夺　朗读　厂房　启程
解围　北国　反常　讲求　宝石　表决
普及　领衔　补习　改革　考察　统筹

(11) 上上
场所　隐忍　广场　展览　遣返　舞蹈
表演　选举　抚养　北海　打倒　领土
鼓掌　友好　审理　永远　总理　巧取

(12) 上去
土地　取代　屡次　访问　舞剧　假设
选派　法律　主要　本位　企盼　举例
海外　垮掉　广阔　写作　想象　取代

(13) 去阴
卫星　矿工　降低　电灯　印刷　客观
正宗　办公　列车　踏青　认真　录音
竞争　下乡　救灾　内因　客车　贵宾

(14) 去阳
素食　慰劳　动员　挫折　步行　自然
漫谈　特别　电台　串联　政权　措辞
凤凰　未来　上游　地名　调查　戒严

(15) 去上

恰好　撰稿　办法　外语　耐久　并且
大胆　信仰　恰巧　血管　运转　重点
上海　下雨　历史　电影　问好　跳伞

(16) 去去

画像　浪费　日月　创办　岁月　示范
大厦　愤怒　布告　复制　自传　纪念
破例　建造　借鉴　配乐　对话　宴会

3. 四音节词

提示：结合声调的调值，读出四音节词的韵律感。

(1) 按四声顺序排列(阴阳上去)

阴阳上去　中国伟大　飞檐走壁　枯藤老树
精神百倍　三皇五帝　身强体壮　光明磊落
新闻简报　诸如此类　花红柳绿　心明眼亮
风云雨露　天然宝藏　巍峨耸立　思前想后

(2) 按四声逆序排列(去上阳阴)

碧草如茵　痛改前非　寿比南山　大有文章
确保平安　大好河山　趁此良机　细雨和风
救死扶伤　万里晴空　耀武扬威　一马平川
聚少成多　破釜沉舟　治理河山　万古长青

(3) 同声调四音节练习

严格执行　亭台楼阁　江山多娇　处理稳妥　党委领导
变幻莫测　声东击西　牛羊成群　艺术概论　见利忘义
天天开心　文如其人　岂有此理　名存实亡　胜利闭幕

4. 名言名句练习

提示：结合意思表达，以情带声，体会句子中的抑扬顿挫。

多少事，从来急；天地转，光阴迫。一万年太久，只争朝夕。——毛泽东

此中有真意，欲辨已忘言。——陶渊明

越是没有本领的就越加自命不凡。——邓拓

知人者智，自知者明。胜人者有力，自胜者强。——老子

燕雀安知鸿鹄之志。——司马迁

不登高山，不知天之大；不临深谷，不知地之厚也。——荀况

智者知人，仁者爱人。——荀子

如果青春的时光在闲散中度过，那么回忆岁月将会是一场凄凉的悲剧。——张云可

仰不愧天，俯不愧人，内不愧心。——韩愈

盛年不重来，一日难再晨。及时当勉励，岁月不待人。——陶渊明

穷则独善其身，达则兼济天下。——孟子

岂能尽如人意，但求无愧我心！——刘伯温

幸福的家庭都是相似的，而不幸的家庭各有各的不幸。——[俄]列夫·托尔斯泰

冬天到了，春天还会远吗？——[英]雪莱

太阳照常升起，一切都没有改变。——[法]塞缪尔·贝克特

谚语和歌曲是简短的，然而在它们里面却包含着可以写出整部书的内容和感情。——[俄]高尔基

我们应该赞美她们，妇女也就是母亲，整个世界都是她们的乳汁养育起来的。没有阳光，花不茂盛；没有爱，就没有了幸福；没有妇女，也就没有爱；没有母亲，既没有诗人，也没有英雄。——[俄]高尔基

朋友，人不是金钱，没法让任何人都喜欢。——[法]罗曼·罗兰

不结果的树是没人去摇动的，只有那些果实累累的才会有人拿石头去打。——[法]罗曼·罗兰

愿我的爱情像阳光一样包围着你，而又给你像阳光一样的自由。——[印度]泰戈尔

如果你一颗牙痛起来，那你应该庆幸，因为并不是每颗牙都痛起来。——[俄]契诃夫

智慧并不产生于学历，而是来自于对知识的终生不渝的追求。——[古希腊]德谟克利特

假如你是一个穷人，你应该用你的操守来维护你的名誉；假如你是一个富人，你应该用你的慈悲来维护你的名誉。——[法]朱贝尔

读一本好书，就如同和一个高尚的人在交谈。——[德]歌德

合理安排时间，就等于节约时间。——[英]培根

能够生存下来的物种，并不是那些最强壮的，也不是那些最聪明的，而是那些对变化作出快速反应的。——[英]达尔文

多听，少说，接受每一个人的责难，但是保留你的最后裁决。——[英]莎士比亚

你热爱生命吗？那么别浪费时间，因为时间是组成生命的材料。——[美]富兰克林

人的一生，总是难免有浮沉。不会永远如旭日东升，也不会永远痛苦潦倒。反复地一浮一沉，对于一个人来说，正是磨炼。因此，浮在上面的，不必骄傲；沉在底下的，更用不着悲观。必须以率直、谦虚的态度，乐观进取、向前迈进。——[日]松下幸之助

今天应做的事没有做，明天再早也是耽误了。——[瑞士]裴斯泰洛齐

生命不可能有两次，但许多人连一次也不善于度过。——[法]吕凯特

情感丰富固然是一切美德的源泉，但也是酿成许多灾难的始因。——[美]杰弗逊

能够讨每个人喜欢的人，是不能令人喜欢的。——[法]巴尔扎克

我们的骄傲多半是基于我们的无知。——[法]莱辛

对众人一视同仁，对少数人推心置腹，对任何人不要亏负。——[英]莎士比亚

5. 诗词练习

提示：结合意思表达、情感酝酿与气息控制练习声调，以气托声，以情带声，以声传情。

《静夜思》 李白

床前明月光，疑是地上霜。
举头望明月，低头思故乡。

《九月九日忆山东兄弟》 王维

独在异乡为异客，每逢佳节倍思亲。
遥知兄弟登高处，遍插茱萸少一人。

《春日》 朱熹

胜日寻芳泗水滨，无边光景一时新。
等闲识得东风面，万紫千红总是春。

《春夜洛城闻笛》 李白

谁家玉笛暗飞声,散入春风满洛城。
此夜曲中闻折柳,何人不起故园情。

《送杜少府之任蜀州》 王勃

城阙辅三秦,风烟望五津。
与君离别意,同是宦游人。
海内存知己,天涯若比邻。
无为在歧路,儿女共沾巾。

《早发白帝城》 李白

朝辞白帝彩云间,千里江陵一日还。
两岸猿声啼不住,轻舟已过万重山。

《落花》 李商隐

高阁客竟去,小园花乱飞。
参差连曲陌,迢递送斜晖。
肠断未忍扫,眼穿仍欲归。
芳心向春尽,所得是沾衣。

《咏柳》 贺知章

碧玉妆成一树高,万条垂下绿丝绦。
不知细叶谁裁出,二月春风似剪刀。

《宣州谢朓楼饯别校书叔云》 李白

弃我去者,昨日之日不可留;
乱我心者,今日之日多烦忧。
长风万里送秋雁,对此可以酣高楼。
蓬莱文章建安骨,中间小谢又清发。

俱怀逸兴壮思飞,欲上青天揽明月。
抽刀断水水更流,举杯消愁愁更愁。
人生在世不称意,明朝散发弄扁舟。

《望岳》 杜甫
岱宗夫如何?齐鲁青未了。
造化钟神秀,阴阳割昏晓。
荡胸生层云,决眦入归鸟。
会当凌绝顶,一览众山小。

《题菊花》 黄巢
飒飒西风满院栽,蕊寒香冷蝶难来。
他年我若为青帝,报与桃花一处开。

《夜宿山寺》 李白
危楼高百尺,手可摘星辰。
不敢高声语,恐惊天上人。

《元日》 王安石
爆竹声中一岁除,春风送暖入屠苏。
千门万户曈曈日,总把新桃换旧符。

《黄鹤楼送孟浩然之广陵》 李白
故人西辞黄鹤楼,烟花三月下扬州。
孤帆远影碧空尽,唯见长江天际流。

《旅夜抒怀》 杜甫
细草微风岸,危樯独夜舟。
星垂平野阔,月涌大江流。

名岂文章著，官应老病休。
飘飘何所以，天地一沙鸥。

《晓出净慈寺送林子方》 杨万里
毕竟西湖六月中，风光不与四时同。
接天莲叶无穷碧，映日荷花别样红。

《寻隐者不遇》 贾岛
松下问童子，言师采药去。
只在此山中，云深不知处。

《望江南》 苏轼
春未老，风细柳斜斜。试上超然台上看，半壕春水一城花。烟雨暗千家。
寒食后，酒醒却咨嗟。休对故人思故国，且将新火试新茶。诗酒趁年华。

《浪淘沙·九曲黄河万里沙》 刘禹锡
九曲黄河万里沙，浪淘风簸自天涯。
如今直上银河去，同到牵牛织女家。

《菩萨蛮·书江西造口壁》 辛弃疾
郁孤台下清江水，中间多少行人泪？西北望长安，可怜无数山。
青山遮不住，毕竟东流去。江晚正愁余，山深闻鹧鸪。

《卜算子·我住长江头》 李之仪
我住长江头，君住长江尾。日日思君不见君，共饮长江水。
此水几时休，此恨何时已。只愿君心似我心，定不负相思意。

《鹊桥仙·纤云弄巧》 秦观
纤云弄巧，飞星传恨，银汉迢迢暗度。金风玉露一相逢，便胜却人间无数。

柔情似水，佳期如梦，忍顾鹊桥归路。两情若是久长时，又岂在朝朝暮暮。

《雁儿落带得胜令·闲适》 邓玉宾子

乾坤一转丸，日月双飞箭。浮生梦一场，世事云千变。万里玉门关，七里钓鱼滩。晓日长安近，秋风蜀道难。休干，误杀英雄汉；看看，星星两鬓斑。

6. 绕口令

提示：发音时，区分声调，可设置规定情境，并带入相应的态度朗读。

铜钉钉铜板

铜钉和铜板，铜钉钉铜板。

铜板钉铜钉，钉钉铜，铜钉钉。

大猫毛短，小猫毛长

大猫毛短，小猫毛长。

大猫毛比小猫毛短，小猫毛比大猫毛长。

洗席

一张细席，席上有泥。溪边去洗，溪洗细席。

珍珍绣枕

珍珍绣锦枕，绣枕用金针。

双蝶枕上争，珍珍的锦枕送亲人。

犁犁地

一台拖拉机拉着一张犁，拖拉机拉犁犁翻地，

翻地翻得深又细。

拖拉机出的力，犁翻的地，

你说是犁犁的地，还是拖拉机翻的地。

任命不是人名

任命是任命,人名是人名,任命不是人名,人名不是任命,人名不能任命,人是人,任是任,名是名,命是命,人、任、名、命要分清。

第五节 语流音变

教学目标:

了解普通话语流音变的含义、作用及规律,并进一步灵活运用语流音变,使普通话的运用得心应手,表情达意更为自然、流畅。

在使用普通话交流的过程中我们不难发现,很多字音大部分情况下都是读原声调的,但也有一些字音丧失了自己原本的声调,发生了一些改变。我们把这些在实际运用语言的过程中,由于受到相邻音节、音素或者语言环境的影响,而发生约定俗成语音变化的现象叫作语流音变。

普通话中的语流音变现象主要包括轻声、儿化、变调、词的轻重格式和语气词"啊"的变化。

一、轻声

(一) 轻声的定义

如前面声调部分所述,普通话的声调包括阴平、阳平、上声和去声四种,每个音节也都会有自己的读法。但从实际听感上判断,每个音节的声调轻重、强弱和发音时长等都是不尽相同的,有的可能重一点,有的可能轻一点,有的音甚至失掉了原来固有的声调,而念成一种又轻又短的调子,这就是轻声,如爸爸、妈妈、是的、月亮等。

但应提醒注意的是,轻声并不是普通话的第五个声调,而只是在语言连贯表达过程中产生的一种特殊音变现象。

(二) 轻声的作用

1. 区别词性和词义

轻声具有区别词性和词义的作用，如表2-6所示。

表2-6

词例	原声调		轻声	
	词性	词义	词性	词义
地道	名词	地下的通道	形容词	真正的，纯粹的
大意	名词	主要意思	形容词	疏忽，不注意
花费	动词	因使用而消耗掉	名词	消费的钱
造化	动词	创造，化育	名词	福气，运气
对头	形容词	正确，合适	名词	仇敌，敌对面

轻声区别词性、词义的作用不仅体现在同形字上，更体现在异形字身上。

例如：把守——把手　笔试——比试

2. 使语言更为口语化，语句更加流畅自然

轻声的运用可以使语言更加流畅自然，具有亲和力，如助词"的、地、得"的使用。

练习材料：

年少的时候，我们差不多都在为别人而活，为苦口婆心的父母活，为循循善诱的师长活，为许多观念、许多传统的约束力而活。年岁逐增，渐渐挣脱外在的限制与束缚，开始懂得为自己活，照自己的方式做一些自己喜欢的事，不在乎别人的批评意见，不在乎别人的诋毁流言，只在乎那一份随心所欲的舒坦自然。偶尔，也能够纵容自己放浪一下，并且有一种恶作剧的窃喜。

——杏林子《朋友和其他》

(三) 轻声的音高变化

一般来说，轻声的音高变化主要取决于它前面音节的音高，若同样用5度音高标记法来表示的话，轻声的音高有如下变化：

(1) 阴平后面轻声读半低调2度。

妈妈、搬来、桌子、出来、天上、叔叔、哥哥、风筝、杯子

(2) 阳平后面轻声读中调3度。

回来、沿着、红了、停着、行吗、拾掇、毛病、床上、苗头

(3) 上声后面轻声读半高调4度。

手上、小的、我的、你的、本子、好了、想着、改了、想过

(4) 去声后面轻声读低调1度。

地上、月亮、胖子、碰上、换下、掉下、大夫、告诉、弟弟

(四) 轻声的变调规律

常有些来自方言区的人为哪些音节应该读成轻声而感到困扰。其实如果稍加留意的话,可以发现轻声音节的出现也是有一定规律可循的。

(1) 语气助词"吧、吗、呢、啊"等要轻读。

例如:好啊!对吧?你说呢?走吗?是吗?去吧!算了吧!

(2) 结构及动态助词"的、地、得、着、了、过、们"等要轻读。

例如:轻轻地、想着、我的、好得很、试过、我们、走了

(3) 名词后缀"子、儿、头"等要轻读。

例如:房子、燕子、桌子、女儿、后头、枕头、帽子、椅子

(4) 重叠式名词、动词的后一个音节要轻读;多音节形容词重叠,后一音节及其重叠部分读成阴平,或者不变。

例如:想想、挠挠、说说、写写、动动、绿油油、金灿灿、毛茸茸、严严实实、马马虎虎、客客气气

(5) 表示趋向的动词、方位词或词素要轻读。

例如:出去、进来、家里、跑回来、走进去、地下、桌上

(6) 作宾语的人称代词要轻读。

例如：喊他、问他、推他一把

除以上有规律的轻声变调外，《普通话水平测试实施纲要》中还记录了一部分约定俗成的轻声词汇。

例如：

姑娘	东西	风筝	窗户	家伙	苍蝇
消息	清楚	收成	玻璃	胳膊	灯笼
时候	朋友	咳嗽	便宜	石榴	萝卜
篱笆	明白	合同	本事	耳朵	脑袋
脊梁	暖和	爽快	打听	老婆	你的
懒得	地方	日子	那么	热闹	似的
阔气	豆腐	在乎	力气	意思	性子

需要提醒的是，约定俗成的词汇无规律可言，建议学习者对照《普通话水平测试实施纲要》中的《常用必读轻声词汇表》进行训练，并注意在学习中加强记忆。

(五) 需要注意的问题

1. 避免"吃字"

因为轻声表现得又轻又短，所以当语速偏快时，容易出现声母、韵母变化或者缺失的情况，这也就是我们平常意义上说的"吃字"。播音员、主持人如果在传播过程中出现"吃字"的情况，将会影响到节目的传播效果。因此在使用轻声时，应注意在保持原有声母、韵母的情况下，适当弱化原有字音及调值，使之变得轻而短即可，以有效避免"吃字"的现象。

2. 避免改变字音

一部分人在弱化轻声字音的同时也放松了口腔控制，从而改变了汉字原有的声音。例如"好的"当中的"的"，有人就会因为口腔过于松弛，导致舌位、唇形发生改变，而将"de"发成"dɑ"。因此，在发音过程中应特别注意，在一个完整字音结束之前，口腔应始终保持适度紧张状态，避免因口腔过于松弛而改变字音。

(六) 轻声综合训练

1. 双音节词练习

阴平+轻声

姑娘 gū niang	东西 dōng xi	风筝 fēng zheng
窗户 chuāng hu	家伙 jiā huo	苍蝇 cāng ying
消息 xiāo xi	清楚 qīng chu	收成 shōu cheng
玻璃 bō li	胳膊 gē bo	灯笼 dēng long

阳平+轻声

时候 shí hou	朋友 péng you	咳嗽 ké sou
便宜 pián yi	石榴 shí liu	萝卜 luó bo
篱笆 lí ba	明白 míng bai	合同 hé tong
石头 shí tou	回来 huí lai	毛病 máo bing

上声+轻声

本事 běn shi	耳朵 ěr duo	脑袋 nǎo dai
脊梁 jǐ liang	倒下 dǎo xia	脸上 liǎn shang
想过 xiǎng guo	爽快 shuǎng kuai	暖和 nuǎn huo
姐姐 jiě jie	妥当 tuǒ dang	使唤 shǐ huan

去声+轻声

地方 dì fang	日子 rì zi	那么 nà me
热闹 rè nao	似的 shì de	相声 xiàng sheng
吓吓 xià xia	在乎 zài hu	力气 lì qi
意思 yì si	月亮 yuè liang	近视 jìn shi

2. 多音节词练习

上来吧　过去吧　乡亲们　搬出去　朋友们
猜猜吧　伙计们　说出来　站起来　拿出去

3. 语句练习

(1) 盼望着，盼望着，东风来了，春天的脚步近了。

(2) 时间到了，我们的谈话也该结束了吧！

(3) 它像会倾听音乐的耳朵一样，需要不断地训练。

(4) 轻轻地，我走了，正如我轻轻地来。

(5) 明天也许就是春天了吧？这样的温暖，今天夜里山草也许就绿起来了吧？

(6) 白杨树算不得树中的好女子……它是树中的伟丈夫！

(7) "布鲁诺先生，"老板开口说话了，"您现在到集市上去一下，看看今天早上有什么卖的。"

(8) 冬天的山村，到了夜里就万籁俱寂，只听得雪花簌簌地不断往下落，树木的枯枝被雪压断了，偶尔咯吱一声响。

(9) "我只是想知道，请告诉我，您一小时赚多少钱？"

(10) 小家伙突然叫起来："前面是妈妈和儿子，后面也是妈妈和儿子。"我们都笑了。

4. 绕口令练习

做买卖

买卖人做买卖，买卖不公没买卖。没买卖没钱做买卖，买卖人做买卖得实在。

屋子里有个箱子

屋子里有个箱子，箱子里有个匣子。匣子里有个盒子，盒子里有个镯子。镯子外面有盒子，盒子外面有匣子。匣子外面有箱子，箱子外面有屋子。

胡立虎打呼噜

葫芦胡同胡立虎，晚上睡觉打呼噜。睡到半夜一糊涂，翻到窗外打呼噜。呼噜呼噜接着睡，一觉睡到正中午。

天上日头

天上日头，嘴里舌头。地上石头，桌上纸头。小手指头，树上枝头。

喇嘛和哑巴

打南边儿来了个喇嘛,手里提拉着五斤鳎目;打北边儿来了个哑巴,腰里别着个喇叭。南边儿提拉鳎目的喇嘛,要拿鳎目换北边儿别喇叭的哑巴的喇叭,哑巴不乐意拿喇叭,换提拉鳎目的喇嘛的鳎目,喇嘛非要拿鳎目换别喇叭的哑巴的喇叭。喇嘛抢起鳎目抽了别喇叭的哑巴一鳎目,哑巴摘下喇叭,打了提拉鳎目的喇嘛一喇叭。也不知是提拉鳎目的喇嘛抽了别喇叭的哑巴几鳎目,还是别喇叭的哑巴打了提拉鳎目的喇嘛几喇叭。只知道,喇嘛炖鳎目,哑巴嘀嘀嗒嗒吹喇叭。

5. 文段练习

人的头盖骨,结合得非常致密与坚固,生理学家和解剖学者用尽了一切的方法,要把它完整地分出来,都没有这种力气。后来忽然有人发明了一个方法,就是把一些植物的种子放在要剖析的头盖骨里,给它以温度与湿度,使它发芽,一发芽,这些种子便以可怕的力量,将一切机械力所不能分开的骨骼,完整地分开了。植物种子力量之大,如此如此。

——夏衍《野草》

这样,我们在阳光下,向着那菜花、桑树和鱼塘走去。到了一处,我蹲下来,背起了母亲;妻子也蹲下来,背起了儿子。我和妻子都是慢慢地,稳稳地,走得很仔细,好像我背上的同她背上的加起来,就是整个世界。

——莫怀戚《散步》

二、儿化

(一) 儿化的定义

儿化是后缀"儿"与它前面的音节结合成一个音节,并使这个音节的韵母带上卷舌音色的一种特殊的音变现象,这种卷舌化了的韵母就叫作"儿化韵"。需要提醒的是,儿化韵虽然是由两个音节复合而成,也写成了两个汉字,但它实际只发一个音。例如,"花儿"是由"huā"和"ér"两个音节组成,但是在连读的时候要读成"huār"。

(二) 儿化的作用

儿化的使用可以使普通话更加准确，在普通话当中起着修饰语言的作用。

(1) 具有区分词性的作用。

例如：

画(动词)——画儿(名词)
尖(形容词)——尖儿(名词)

(2) 具有区分词义的作用。

例如：

一点(时间)——一点儿(很少)
眼(眼睛)——眼儿(小孔，小洞)

(3) 表示小或少的意思。

例如：

表示小的意思：小鱼儿、小孩儿、门缝儿、针眼儿
表示少的意思：丁点儿、没事儿

(4) 表示喜爱、亲切的感情色彩。

例如：

好玩儿、宝贝儿、脸蛋儿、小狗儿

(三) 儿化的音变规律

"普通话的韵母除自成音节的er(儿、二、耳)以外，基本都可以儿化。儿化的

卷舌动作从韵腹开始，直到韵尾，韵头并不受影响。"①

儿化音变的主要规律如下：

(1) 韵母或者韵尾音素是a、o、e、u的，儿化只在原韵母后加卷舌动作。

a	裤衩儿	找碴儿	上哪儿	戏法儿
ia	豆芽儿	掉价儿	人家儿	脚丫儿
ua	脑瓜儿	小花儿	麻花儿	牙刷儿
o	山坡儿	粉末儿	歪脖儿	碎末儿
ao	钱包儿	病号儿	灯泡儿	小道儿
uo	小伙儿	炕桌儿	被窝儿	花朵儿
iao	树苗儿	小鸟儿	图表儿	开窍儿
e	唱歌儿	贝壳儿	自个儿	模特儿
u	眼珠儿	括弧儿	火炉儿	靠谱儿
ou	小狗儿	小偷儿	耍猴儿	毛豆儿
iou	顶牛儿	棉球儿	按钮儿	碘酒儿

(2) 韵尾是i的，儿化时失落韵尾，在主要元音上加卷舌动作。

ai	冒牌儿	鞋带儿	名牌儿	小孩儿
ei	宝贝儿	眼泪儿	小妹儿	刀背儿
uei	一会儿	跑腿儿	走味儿	墨水儿
uai	一块儿	土块儿	铁块儿	碗筷儿

(3) 韵尾是n、ng的，儿化时失落韵尾，加卷舌动作，并在韵腹上加鼻化色彩。

in	有劲儿	送信儿	脚印儿	手心儿
ün	合群儿	喜讯儿	花裙儿	水晕儿
an	伙伴儿	门槛儿	脸蛋儿	蒜瓣儿
ian	心眼儿	露馅儿	雨点儿	拉链儿
en	一阵儿	走神儿	唱本儿	高跟儿
uen	打盹儿	冰棍儿	开春儿	没准儿
uan	好玩儿	拐弯儿	光盘儿	火罐儿
üan	烟卷儿	手绢儿	杂院儿	人缘儿

---

① 林焘，王理嘉.语音学教程[M].北京：北京大学出版社，1992.

ang	肩膀儿	药方儿	赶趟儿	香肠儿
iang	花样儿	鼻梁儿	官腔儿	小样儿
uang	天窗儿	蛋黄儿	打晃儿	镜框儿
eng	提成儿	板凳儿	钢镚儿	夹缝儿
ong	胡同儿	果冻儿	酒盅儿	抽空儿
ing	花瓶儿	打鸣儿	图钉儿	眼镜儿
iong	小熊儿	叫穷儿		
ueng	水瓮儿			

(4) 韵母是i、ü时，保持韵母不变，在i、ü后加卷舌动作。

| i | 小米儿 | 垫底儿 | 针鼻儿 | 眼皮儿 |
| ü | 毛驴儿 | 小曲儿 | 马驹儿 | 蛐蛐儿 |

(5) 主要元音是ê、-i[前]和-i[后]的，去掉主要元音，在声母后直接加上er。

ie	半截儿	小鞋儿	树叶儿	台阶儿
üe	旦角儿	主角儿	口诀儿	空缺儿
-i[前]	瓜子儿	石子儿	没词儿	挑刺儿
-i[后]	墨汁儿	锯齿儿	记事儿	树枝儿

(四) 儿化使用时应注意的问题

1. 注意在语流中区别词性和词义

在前面我们已经谈到了儿化具有区别词性和词义的作用。因此在语流中，我们应注意通过儿化的使用，将话语意思表达得更加准确和规范。例如："用完请把盖儿盖上"中第一个"盖儿"是名词"瓶子盖子"的意思，而第二个则是动词。

2. 注意儿化使用的语境

与轻声一样，儿化的使用同样受着语言环境的制约。例如，新闻节目因其客观公正、相对严肃的特点，儿化音的使用就较少；而少儿节目为了增加语言的亲和力，儿化的使用就会相应增多。

3. 儿化过程中，卷舌动作不能过于靠后

在有些地方，由于当地方言没有儿化音的现象，导致这部分人在学习过程中，出现为了加入卷舌动作而卷舌过于靠后的情况。这样会使字音的发音过于靠后，使

得原本的韵母发音不清楚，从而影响到语言的准确性。

4. 含韵尾n、ng的音节没有鼻音化

部分学习者在发带有鼻辅音n、ng的音节时，由于没有把韵母鼻化，使得字音发生改变，语言产生歧义。例如："你带来的杏儿真好"，如果"杏儿"中的鼻化音缺失就会发成"你带来的下儿真好"，从而使语义发生改变。

5. 儿化单独发音

有部分方言区域由于很少使用儿化，故在学习过程中，容易出现将儿化单独发成一个音，例如："小鸟儿"应读为"xiǎo niǎor"，不能读成"xiǎo niǎo ér"。

(五) 儿化综合练习

1. 词组练习

光杆儿　冰棍儿　老头儿　老伴儿　娘儿俩
姐们儿　大婶儿　小名儿　对眼儿　小嘴儿
傻帽儿　块头儿　白眼儿　大腕儿　主角儿
腰板儿　小曲儿　单弦儿　嗓门儿　冒牌儿
门鼻儿　碗盖儿　杂院儿　茶馆儿　春卷儿
馅儿饼　份儿饭　面条儿　杏仁儿　耳垂儿
酒窝儿　眼圈儿　心坎儿　裤衩儿　围脖儿
圆圈儿　巧劲儿　春联儿　干劲儿　刀尖儿
话茬儿　慌神儿　解闷儿　吭气儿　拔尖儿
眼皮儿　笔杆儿　皮筋儿　邪门儿　撒欢儿

2. 语句练习

(1) 窗台儿上有个小盆儿，小盆儿里有朵小花儿。

(2) 昨儿看了个电影儿，特别好玩儿。

(3) 老师说，不会写的字儿就画圈儿。

(4) 生日那天，他买了一个小熊儿送给小妮儿。

(5) 老头儿回到家，喝了两口儿，唱了会儿小曲儿。

(6) 那个笑话儿特别有趣儿。

(7) 他到了茶馆儿，点了份儿春卷儿，等的时候还哼了个小曲儿。

(8) 大杂院儿的门后面儿，藏了一只小猫儿和一只小狗儿。

(9) 他在门旁边儿捡了一条手绢儿。

(10) 他包的饺子皮儿薄，却没馅儿。

3. 绕口令练习

(1) 进了门儿，倒杯水儿，喝了两口运运气儿。顺手拿起小唱本儿，唱一曲儿，又一曲儿，练完了嗓子练嘴皮儿，绕口令儿，练字音儿，还有单弦儿牌子曲儿，小快板儿，大鼓词儿，越说越唱越带劲儿。

(2) 有个小孩儿叫小兰儿，口袋里装着几个钱儿，又打醋，又买盐儿，还买了一个小饭碗儿。小饭碗儿，真好玩儿，红花儿绿叶儿镶金边儿，中间儿还有个小红点儿。

(3) 你别看就那么两间小门脸儿，你别看屋子不大点儿，你别看设备不起眼儿，售货员为人民服务的思想贴心坎儿。有火柴、有烟卷儿、有背心儿、有裤衩儿、有手电、蜡烛、盘子、碗儿，还有刀子、勺子、小饭铲儿。这起个早儿贪个晚儿，买什么都在家跟前儿。

(4) 小哥俩儿，红脸蛋儿，手拉手儿，一块儿玩儿。小哥俩儿，一个班儿，一起唱歌儿学画画儿。学造句，一串串儿，唱新歌儿，一段段儿，学画画儿，不贪玩儿。画小猫儿，钻圆圈儿，画小狗儿，蹲庙台儿，画只小鸡儿吃小米儿，画条小鱼儿在河边儿。小哥俩儿，对脾气儿，上学念书不费劲儿，真是父母的好宝贝儿。

4. 文段练习

大雪整整下了一夜。今天早晨，天放晴了，太阳出来了。推开门一看，嗬！好大的雪啊！山川、河流、树木、房屋，全都罩上了一层厚厚的雪，万里江山，变成了粉妆玉砌的世界。落光了叶子的柳树上挂满了毛茸茸亮晶晶的银条儿；而那些冬夏常青的松树和柏树上，则挂满了蓬松松沉甸甸的雪球儿。一阵风吹来，树枝轻轻地摇晃，美丽的银条儿和雪球儿簌簌地落下来，玉屑似的雪末儿随风飘扬，映着清晨的阳光，显出一道道五光十色的彩虹。

——峻青《第一场雪》

最妙的是下点小雪呀。看吧，山上的矮松越发的青黑，树尖儿上顶着一髻儿白花，好像日本看护妇。山尖儿全白了，给蓝天镶上一道银边。山坡上，有的地方雪厚点儿，有的地方草色还露着；这样，一道儿白，一道儿暗黄，给山们穿上一件带水纹儿的花衣；看着看着，这件花衣好像被风儿吹动，叫你希望看见一点儿更美的山的肌肤。等到快日落的时候，微黄的阳光斜射在山腰上，那点儿薄雪好像忽然害羞，微微露出点儿粉色。就是下小雪吧，济南是受不住大雪的，那些小山太秀气。

——老舍《济南的冬天》

就在他快要挖好坑的时候，从别墅里走出一个人来，问小孩儿在干什么，孩子抬起满是汗珠的脸蛋儿，说："教练，圣诞节到了，我没有礼物送给您，我愿给您的圣诞树挖一个树坑。"

——刘燕敏《天才的造就》

三、变调

在语流中，相邻音节声调发生变化的现象叫作变调。普通话中的变调主要体现在上声的变调、"一"和"不"的变调，以及重叠词的变调。

(一) 上声的变调

上声音节在单念或处于词尾、句尾，以及句子中语音停顿所在的位置时，由于不会受到后续音节的影响而读作本调。

例如：

有

行走

美酒

朋友

不在乎天长地久，只在乎曾经拥有。

而在另一些情况下，上声一般要做变调处理。

1. 上声在非上声前，调值由214变为211

上声+阴平　美观　酒家　首都　饼干　产生

上声+阳平　漂白　讨伐　祖国　请求　厂房

上声+去声　补办　搞定　孔洞　宝贝　理发

上声+轻声　喇叭　本事　好处　姐姐　暖和

2. 上声和上声相连时，前面一个音节由214变为近似阳平的35调

上声+上声　保养　首长　口语　北海　岛屿

3. 三个以上的上声连接时，应先根据词语的意义进行自然分节后，再依上述变化规律来进行变调处理

(1) 单双格　211+35+214

小老虎　冷处理　老保姆　好小伙　小雨伞

(2) 双单格　35+35+214

古典舞　洗脸水　草稿纸　展览馆　蒙古语

(二)"一"的变调

1. 单念或在序数词中读阴平

一　第一　十一

2. 在非去声音节前读去声

一箱　一心　一瓶　一年　一瞥　一曲

3. 在去声音节前读阳平

一共　一再　一道　一律　一项　一切

4. 在重叠词中间读轻声

看一看　听一听　想一想　试一试

(三)"不"的变调

1. 单念或处在词、句末尾，以及非去声音节前读去声

不　　我不

不安　不卑　不端　不好　不单

不辞　不才　不行　不曾　不敢

不比 不等 不倒 不齿 不成

2. 在去声音节前读阳平

不必 不便 不是 不测 不错

3. 夹在词语中间读轻声

看不到 听不了 去不去 搞不懂 输不起

(四) 重叠词的变调

1. AAB式

重叠部分可读原声调，也可以读作阴平；但如果后面加上儿化，则必须读作阴平。

例如：

慢慢的 好好的 饱饱的 远远的

2. ABB式

后面重叠词可读轻声也可读本调。

例如：

亮堂堂 红彤彤 亮晶晶 黑黝黝

3. AABB式

后面重叠部分可以不变调，部分需要变为阴平。

例如：

干干净净 明明白白 漂漂亮亮 舒舒服服 热热闹闹

需要提醒的是，重叠词的变调可以使口语更为流畅自然，但是在广播电视新闻节目中应尽量少变或者不变。

(五) 变调综合训练

1. 词的练习

(1) 上声的变调

补妆　逞凶　喘息　反贪　斧削
抚摸　广东　整修　掌声　很多
采伐　阐明　选择　逞强　仿佛
俯伏　感怀　宝石　美国　普及
所以　结果　反咬　俯首　很好
感慨　耿耿　领导　北海　明礼
草案　采矿　阐述　走过　赶快
反应　感受　本位　主要　解放

(2) "一"的变调

一般　一些　一边　一端　一发
一干　一锅　一心　一支　一天
一筹　一从　一国　一局　一栏
一连　一齐　一行　一壶　一瓶
一点　一顶　一己　一晃　一举
一口　一览　一本　一缕　一起
一半　一遍　一旦　一道　一定
一动　一度　一步　一笑　一个

写一下　歇一歇　看一下　听一听
停一停　来一碗　笑一笑

(3) "不"的变调

不安　不单　不端　不公　不光　不羁　不禁
不才　不曾　不成　不辞　不得　不明　不独
不比　不逞　不齿　不好　不等　不法　不菲
不必　不便　不测　不怕　不错　不待　不但

看不得　听不听　吃不了　行不行
走不走　去不去　等不等

(4) 重叠词的变调

高高的　美美的　暖暖的　甜甜的

凉凉的　淡淡的　红红的

饱饱儿的　远远儿的　好好儿的　慢慢儿的　满满儿的

痛痛快快　马马虎虎　热热闹闹　嘻嘻哈哈　大大方方

2. 语句练习

(1) 一会儿开会，一定要进一步确定建立档案室的重要性。

(2) 一般情况下，他对突发事件都能做出快速反应。

(3) 我把雨伞给你。

(4) 找点纸打草稿。

(5) 由于脚上的伤，我不得不放慢了脚步，最终，前面一个人影也看不见了。

(6) "不！"他断然拒绝了无理的要求。

(7) 他黑黝黝的脸上留下了一道道泪痕。

(8) 好好学习，天天向上。

(9) 金灿灿的太阳把屋子照的亮亮堂堂。

3. 绕口令练习

(1) 不怕不会，就怕不学。一回不会，再来一回。一天一回，不信不会。

(2) 学习一心一意，对人表里如一。爱护一草一木，节约一点一滴。

(3) 一个姑娘来摘梨，一群小孩儿来学习。一气儿摘了一车梨，一起上街去赶集。

(4) 小徐钓鱼钓不起大鱼。鱼竿怨鱼钩太直不够曲，鱼钩怨鱼竿太曲不够直。也不知是竿曲钩直，还是竿直钩曲？

(5) 有一位不高不矮的老头儿，领着一个不大不小的男孩儿，去找不老不小的父母。爷孙俩不慌不忙地走着，前后左右地张望着……在一个不上不下的台阶儿上，看见了不动声色的父母，抱着一对不好不坏的小狮子，正不知所措地站立着。看见爷孙一起走来，这对夫妇不好意思地向一老一小道出了过失。

(6) 王老汉手拿一根不长不短的鞭子，赶着一辆不新不旧的大马车，拉着满车不计其数的公粮，奔驰在不宽不窄的大道上。到了粮库门口，不慌不忙地停住了那辆不新不旧的大马车，不声不响地放下了手中那根不长不短的鞭子，他不遗余力地肩扛一包一包不计其数的公粮，不厌其烦地装进了国家的大仓房。

4. 文段练习

一路从山脚往上爬，细看山景，我觉得挂在眼前的不是五岳独尊的泰山，却像一幅规模惊人的青绿山水画，从下面倒展开来。在画卷中最先露出的是山根底那座明朝建筑岱宗坊，慢慢地便现出王母池、斗母宫、经石峪。山是一层比一层深，一叠比一叠奇，层层叠叠，不知还会有多深多奇，万山丛中，时而点染着极其工细的人物。王母池旁的吕祖殿里有不少尊明塑，塑着吕洞宾等一些人，姿态神情是那样有生气，你看了，不禁会脱口赞叹说："活啦。"

一时间，我又觉得自己不仅是在看画卷，却又像是在零零乱乱翻着一卷历史稿本。

——杨朔《泰山极顶》

有一天，当他在一处干涸的水塘里猛踢一个猪膀胱时，被一位足球教练看见了。他发现这个男孩儿踢得很像是那么回事，就主动提出要送给他一个足球。小男孩儿得到足球后踢得更卖劲了。不久，他就能准确地把球踢进远处随意摆放的一个水桶里。

——刘燕敏《天才的造就》

喜悦，它是一种带有形而上色彩的修养和境界。与其说它是一种情绪，不如说它是一种智慧、一种超拔、一种悲天悯人的宽容和理解，一种饱经沧桑的充实和自信，一种光明的理性，一种坚定的成熟，一种战胜了烦恼和庸俗的清明澄澈。它是一潭清水，它是一抹朝霞，它是无边的平原，它是沉默的地平线。多一点儿、再多一点儿喜悦吧，它是翅膀，也是归巢。它是一杯美酒，也是一朵永远开不败的莲花。

——王蒙《喜悦》

人站得高些，不但能有幸早些领略到希望的曙光，还能有幸发现生命的立体的诗篇。每一个人的人生，都是这诗篇中的一个词、一个句子或者一个标点。你可能没有成为一个美丽的词，一个引人注目的句子，一个惊叹号，但你依然是这生命的立体诗篇中的一个音节、一个停顿、一个必不可少的组成部分。这足以使你放弃前嫌，萌生为人类孕育新的歌声的兴致，为世界带来更多的诗意。

——[美]本杰明·拉什《站在历史的枝头微笑》

四、词的轻重格式

在有声语言表达过程中，由于词性、词义的不同，或者由于感情表达的需要，一个词的几个音节会产生轻重长短的差异，这种约定俗成的差异就是词的轻重格式。在这些词当中，有的音节读起来轻而短，这样的音节就是"轻"，相反，强而长的音节则称为"重"，介于二者之间的称为"中"。

普通话语音要想达到纯正自然，就必须了解并掌握词的轻重格式。在我国的一些方言区，方言词汇的轻重格式和普通话词汇的轻重格式有着较大的差异，因此，词的轻重格式容易受到方言的影响而产生偏差。

需要明确的是，普通话中词的轻重格式是有一定规律可循的，但大多数仍属于约定俗成，而且在使用中少数词还会根据语义和语境的不同而发生一定改变。所以，在日常生活中培养良好的语感是掌握词的轻重格式的有效手段。

(一) 双音节词的轻重格式

在普通话中，双音节词的轻重格式有三种：中重、重中和重轻。其中，中重格式最多。

1. 中重格式

后一个音节相较于前一个音节重一些、长一些。

播音　主持　生产　新闻　庄重　开会
自然　黄金　海洋　环球　宝贵　交通
翻案　安心　更衣　说明　大衣　冬至
工厂　节奏　电台　国际　飞沙　假如
铁路　北京　民兵　失信　民主　年轻

2. 重中格式

这类词相对少一些。前一个音节相较于后一个音节重一些、长一些。

顾虑　情况　正确　读者　邻居　比较
农业　气氛　面积　艺术　霹雳　核对
印象　仿佛　朦胧　光明　河流　树木
地位　去处　伟大　徘徊　爱戴　便利

爱护　丢掉　传授　动静　敦促　逍遥

3. 重轻格式

俗称"轻声词"。前一个音节重读，后一个音节读轻声。

萝卜　迷糊　葡萄　篱笆　风筝　石头
月亮　栗子　知识　转悠　自在　嘴巴
云彩　早上　寨子　帐篷　栅栏　招呼
秀才　尾巴　头发　疏忽　岁数　太太
生意　实在　拾掇　石榴　舌头　扫帚

(二) 三音节词的轻重格式

三音节词的轻重格式一般有四种：中中重、中重轻、中轻重、重轻轻。

1. 中中重

计算机　湖南省　老虎凳　滑翔机　共产党
播音员　东方红　笔记本　工程师　传达室
办公室　红楼梦　幼儿园　展览馆　交谊舞
护身符　党支部　自行车　交响乐　抛物线

2. 中重轻

小伙子　枪杆子　过日子　没工夫　脑瓜子
拉关系　没商量　两口子　搭架子　洋鬼子
胡萝卜　小姑娘　牛脾气　票贩子　好意思
收庄稼　找麻烦　癞蛤蟆　犯嘀咕　糖葫芦

3. 中轻重

对不起　合不来　来不及　豆腐渣　怪不得
筒子楼　懂不懂　吃不消　放得下　大不了
泡泡糖　狐狸精　窟窿眼　喇叭花　机灵鬼
萝卜头　拨浪鼓　芝麻官　裁缝铺　乡巴佬

4. 重轻轻

跳下来　走进去　叶子上　骑上去　笑嘻嘻
呼啦啦　看见了　跑回来　唰啦啦　丁零零

(三) 四音节词的轻重格式

四音节词的轻重格式与其语法结构相关，一般有三种：中重中重、重中中重、中轻中重。

1. 中重中重

语法结构为并列结构的多为中重中重格式。

招兵买马　年富力强　五光十色　语重心长
心平气和　丰衣足食　日积月累　轻歌曼舞
南辕北辙　南腔北调　无独有偶　赴汤蹈火
耳濡目染　枪林弹雨　奇装异服　花好月圆

2. 重中中重

具有修饰与被修饰、陈述与被陈述、支配与被支配关系的词大多为重中中重格式。

不约而同　疲于奔命　惨不忍睹　义不容辞
敬而远之　面如刀割　安然无恙　易如反掌
能者为师　别开生面　喜出望外　一扫而空
事不宜迟　泰然自若　枉费心机　耐人寻味

3. 中轻中重

大部分四音节的专有名词、叠音形容词和象声词为中轻中重。

社会主义　说说笑笑　高高兴兴　噼里啪啦
大大方方　嘻嘻哈哈　慢慢腾腾　慌慌张张
整整齐齐　迫不及待　老实巴交　糊里糊涂

(四) 文段训练

那是力争上游的一种树，笔直的干，笔直的枝。它的干呢，通常是丈把高，像是加以人工似的，一丈以内，绝无旁枝；它所有的丫枝呢，一律向上，而且紧紧靠拢，也像是加以人工似的，成为一束，绝无横斜逸出；它的宽大的叶子也是片片向上，几乎没有斜生的，更不用说倒垂了；它的皮，光滑而有银色的晕圈，微微泛出淡青色。这是虽在北方的风雪的压迫下却保持着倔强挺立的一种树！哪怕只有碗来粗细罢，它却努力向上发展，高到丈许，两丈，参天耸立，不折不挠，对抗着西北风。

——茅盾《白杨礼赞》

地球上的人都会有国家的概念，但未必时时都有国家的感情。往往人到异国，思念家乡，心怀故国，这国家概念就变得有血有肉，爱国之情来得非常具体。而现代社会，科技昌达，信息快捷，事事上网，世界真是太小太小，国家的界限似乎也不那么清晰了。再说足球正在快速世界化，平日里各国球员频繁转会，往来随意，致使越来越多的国家联赛都具有国际的因素。球员们不论国籍，只效力于自己的俱乐部，他们比赛时的激情中完全没有爱国主义的因子。

——冯骥才《国家荣誉感》

莫高窟壁画的内容丰富多彩，有的是描绘古代劳动人民打猎、捕鱼、耕田、收割的情景，有的是描绘人们奏乐、舞蹈、演杂技的场面，还有的是描绘大自然的美丽风光。其中最引人注目的是飞天。壁画上的飞天，有的臂挎花篮，采摘鲜花；有的反弹琵琶，轻拨银弦；有的倒悬身子，自天而降；有的彩带飘拂，漫天遨游；有的舒展着双臂，翩翩起舞。看着这些精美动人的壁画，就像走进了灿烂辉煌的艺术殿堂。

——《莫高窟》

森林，是地球生态系统的主体，是大自然的总调度室，是地球的绿色之肺。森林维护地球生态环境的这种"能吞能吐"的特殊功能是其他任何物体都不能取代的。然而，由于地球上的燃烧物增多，二氧化碳的排放量急剧增加，使得地球生态环境急剧恶化，主要表现为全球气候变暖，水分蒸发加快，改变了气流的循环，使气候变化加剧，从而引发热浪、飓风、暴雨、洪涝及干旱。

——《"能吞能吐"的森林》

五、语气词"啊"的变化

"啊"作为语气助词用在句前时读本音"a"，但用在句尾时会受到前面音节的影响，使读音发生改变，其变化规律是由前一个音节的尾音音素决定的。

(一)"啊"的音变规律

1. 前一音节收尾音素是a、o(ao、iao除外)、e、ê、i、ü时,"啊"读成ya

他啊？　　　ta——ya

你说啊！　　shuo——ya

真热啊！　　re——ya

快写啊！　　xie——ya

快踢啊！　　ti——ya

快去啊！　　qu——ya

2. 前一音节收尾音素是u(包括ao、iao)时,"啊"读成wa

快走啊！　　zou——wa

别哭啊！　　ku——wa

快跑啊！　　pao——wa

快跳啊！　　tiao——wa

3. 前一音节收尾音素是n时,"啊"读成na

真难啊！　　nan——na

真狠啊！　　hen——na

福分啊！　　fen——na

4. 前一音节收尾音素是ng时,"啊"读nga

快唱啊！　　chang——nga

真行啊！　　xing——nga

抽空啊！　　kong——nga

5. 前一音节收尾音素是-i[前]时,"啊"读成za

好字啊！　　zi——za

念词啊！　　ci——za

自私啊！　　si——za

6. 前一音节收尾音素是-i[后]、er(包括儿化韵)时,"啊"读成ra

不值啊！　　zhi——ra

快吃啊！　　chi——ra

好事啊！ shi——ra

在这儿啊！zher——ra

(二)"啊"的音变综合训练

1. 语句练习

幼儿园这些孩子啊(za)，

会跳会唱真可爱啊(ya)，

大家都来看啊(na)，

他们玩得多高兴啊(nga)，

有的孩子在读诗啊(ra)，

有的孩子在画画啊(ya)，

这些孩子又是唱啊(nga)，

又是跑啊(wa)又是跳啊(wa)，

啊(a)！他们多幸福啊(wa)！

2. 绕口令练习

鸡啊(ya)、鸭啊(ya)、猫啊(wa)、狗啊(wa)，一块儿水里游啊(wa)；牛啊(wa)、羊啊(nga)、马啊(ya)、骡啊(ya)，一块儿进鸡窝啊(ya)；狼啊(nga)、虎啊(wa)、熊啊(nga)、豹啊(wa)，一块儿街上跑啊(wa)；兔啊(wa)、鼠啊(wa)、虫啊(nga)、鸟啊(wa)，一块儿上窗台啊(ya)！

3. 文段练习

啊！小桥呢？它躲起来了？河中一道长虹，浴着朝霞熠熠闪光。哦，雄浑的大桥敞开胸怀，汽车的呼啸、摩托的笛音、自行车的丁零，合奏着进行交响乐；南来的钢筋、花布，北往的柑橙、家禽，绘出交流欢悦图……

啊！蜕变的桥，传递了家乡进步的消息，透露了家乡富裕的声音。时代的春风，美好的追求，我蓦地记起儿时唱给小桥的歌，哦，明艳艳的太阳照耀了，芳香甜蜜的花果捧来了，五彩斑斓的岁月拉开了！

我心中涌动的河水，激荡起甜美的浪花。我仰望一碧蓝天，心底轻声呼喊：家乡的桥啊，我梦中的桥！

——郑莹《家乡的桥》

第二章 语音与正音

我曾见过北京什刹海拂地的绿杨,脱不了鹅黄的底子,似乎太淡了。我又曾见过杭州虎跑寺近旁高峻而深密的"绿壁",丛叠着无穷的碧草与绿叶的,那又似乎太浓了。其余呢,西湖的波太明了,秦淮河的也太暗了。可爱的,我将什么来比拟你呢?我怎么比拟得出呢?大约潭是很深的,故能蕴蓄着这样奇异的绿;仿佛蔚蓝的天融了一块在里面似的,这才这般的鲜润啊。

——朱自清《绿》

陶行知又掏出第三块糖果塞到王友手里,说:"我调查过了,你用泥块砸那些男生,是因为他们不守游戏规则,欺负女生;你砸他们,说明你很正直善良,且有批评不良行为的勇气,应该奖励你啊!"王友感动极了,他流着眼泪后悔地喊道:"陶……陶校长你打我两下吧!我砸的不是坏人,而是自己的同学啊……"

——《陶行知的"四块糖果"》

第六节　声、韵、调对比分辨

教学目标:

通过对比分辨训练,熟练掌握声、韵、调系统的发音技巧与区别,达到灵活运用、服务表达的目的。

一、声母对比分辨

(一) 不送气音与送气音对比分辨

辅音声母的不送气音包括b、d、g、j、zh、z;送气音包括p、t、k、q、ch、c。训练时应注意,不送气音并不是不出气,而是出气量相对较小;送气音的出气量则相对较大。

b—p:

单音节字:

八——趴　百——拍　班——攀　宝——跑　波——坡　变——片

笨——盆　贝——陪　笔——匹　表——瞟　不——铺　彬——拼
帮——兵　蹦——碰　兵——平　别——撇

双音节词：

菠萝——笸箩　雹子——袍子　白板——排版　摆放——排放
表白——瓢泼　八百——排炮　辩白——翩翩　彬彬——频频
碧波——批判　兵变——萍萍　半途——叛徒　七遍——欺骗
别人——撇下　标榜——偏旁　被俘——佩服　毕竟——僻静

混合练习：

摆拍、编排、被迫、白票、摆平、摆谱、般配、半票、便盆
绑票、包赔、包票、宝瓶、保票、爆棚、爆破、北漂、北平
奔跑、背叛、本票、逼平、逼迫、比配、比拼、扁平、边坡
表盘、表皮、宾朋、冰片、冰排、兵痞、帮派、鞭炮、半拍
排版、旁边、屏蔽、普遍、跑步、平板、陪伴、炮兵、赔本
配备、疲惫、漂泊、瀑布、拼搏、攀比、旁白、排便、蓬勃

d—t：

单音节字：

大——踏　德——特　弟——替　读——图　带——太　爹——贴
多——拖　到——套　掉——跳　都——偷　但——叹　掂——天
端——湍　吨——吞　当——汤　等——疼　顶——挺　栋——痛

双音节词：

达到——塔台　道德——饕餮　弟弟——体贴　独断——吐痰
等等——头疼　爹爹——迢迢　地带——淘汰　点滴——颓唐
袋子——台阶　打倒——忐忑　多少——妥帖　到底——替代
吨位——囤积　当下——吞下　盗取——套取　顶上——塔下
怠慢——太慢　兑换——退换　吊车——跳车　抵制——体质
赌注——土著　调动——跳动　队伍——退伍　动人——统一

混合练习：

答题、代糖、地图、冬天、地铁、当天、动态、独特、大腿

第二章 语音与正音

代替、电梯、点头、大厅、低头、打听、单挑、电台、顶帖
大头、大图、打通、大唐、低碳、对头、倒塌、大同、倒退
大体、地毯、动听、歹徒、跌停、殿堂、地摊、打探、单体
特点、头顶、同等、听到、态度、土地、团队、提到、太大
推动、土豆、天地、通道、徒弟、太低、特定、谈到、停电
替代、特地、投递、调低、推倒、台灯、跳到、她的、跳动
图钉、推断、提单、脱掉、头戴、妥当、拖地、挑逗、铁定

g—k：
单音节字：
旮——卡 个——课 故——裤 瓜——夸 过——阔 改——凯
怪——快 稿——考 规——亏 够——扣 干——看 管——款
棍——困 刚——康 光——匡 共——空

双音节词：
旮旯——卡车 个头——课本 古诗——苦恼 挂车——夸口
过河——阔绰 改天——开始 乖乖——快快 稿件——靠山
贵妇——亏损 沟底——口腔 干活——看门 管理——款项
棍子——困顿 刚刚——康复 光亮——狂妄 共有——空巢
骨干——苦干 古老——苦恼 鼓励——苦力 歌谱——科普
工匠——空降 挂上——挎上 个体——客体 感伤——砍伤

混合练习：
沟口、高考、贯口、公开、赶快、观看、顾客、感慨、关口
更快、港口、过客、概括、广阔、功课、挂科、概况、工科
高空、管控、过快、公款、光看、骨科、挂靠、国库、隔开
高亢、攻克、国考、果壳、干枯、烤干、看管、口供、跨国
看过、客观、开关、开工、控股、空格、口感、快感、苦瓜
考古、考过、可贵、宽广、可观、开锅、考纲、苦工、控告
矿工、考官、客官、跨过、苦果、旷工、恐高、课改、枯骨

j—q：

单音节字：

记——气　句——去　架——洽　节——茄　绝——缺　叫——翘

就——球　剑——倩　娟——圈　金——亲　军——群　将——枪

经——清　窘——穷

双音节词：

加价——恰恰　仅仅——亲亲　炯炯——茕茕　接界——窃窃

级别——气球　句子——区分　绝学——雀跃　教书——桥梁

酒友——球鞋　间隔——签署　涓涓——全员　军队——逡巡

将领——枪口　经过——清澈　经常——清偿　简陋——浅陋

迹象——气象　激励——凄厉　积压——欺压　集权——齐全

混合练习：

坚强、技巧、聚气、驾骑、进去、机器、加强、剧情、激情

近期、假期、极其、金钱、价钱、几千、景区、敬请、绝情

进球、减轻、崛起、借钱、尽情、矫情、精确、健全、交钱

郊区、军区、较强、禁区、惊奇、激起、进取、全景、情结

期间、请假、强健、请教、情节、全家、取经、契机、清净

奇迹、前进、清洁、秋季、前景、情景、全集、区间、迁就

抢劫、强劲、亲近、旗舰、全局、抢救、切记、求解、其间

zh—ch：

单音节字：

炸——差　这——撤　指——呎　住——畜　卓——戳　宅——柴

拽——踹　找——吵　追——吹　周——抽　展——产　专——穿

准——蠢　张——昌　撞——床　整——骋　中——冲

双音节词：

债主——出处　拽住——绰绰　政治——抽搐　扎针——蜘蛛

谆谆——踌躇　专注——初出　专制——橱窗　闸站——抄查

主旨——铲除　专职——出差　辗转——出错　站住——出产

专指——查处　装置——出船　庄重——超产　撞钟——传出

混合练习：

正常、找出、主持、中传、支持、指出、支撑、战场、著称

真诚、职场、支出、主场、忠诚、争吵、中场、职称、主唱

制成、中超、侦察、专场、战车、痔疮、之初、轴承、智齿

章程、整车、忠臣、住处、主城、展出、诚挚、橙汁、出征

穿着、初中、成长、充值、车站、沉重、重装、车主、查找

常州、城镇、超值、车展、船长、处置、传真、纯真、重置

垂直、抽中、厂长、船只、纯正、长征、超重、处长、初衷

z—c：

单音节字：

匝——擦　仄——册　字——赐　租——粗　做——错　在——菜

早——草　最——翠　揍——凑　簪——参　钻——窜　脏——藏

增——蹭　总——从

双音节词：

罪责——催促　总则——匆匆　孜孜——此次　自足——残次

咂嘴——擦车　喷喷——厕所　自动——此处　阻碍——醋味

坐下——搓手　灾害——财主　糟糕——曹操　赠予——曾经

奏乐——凑齐　赞美——参加　钻石——篡夺　字典——仓库

混合练习：

再次、在册、早操、造次、增仓、早餐、紫菜、自残、自此

资财、宗祠、总裁、罪错、自裁、遵从、佐餐、做操、自惭

错字、擦澡、才子、菜籽、藏踪、操作、操纵、错杂、错综

槽子、册子、侧足、测字、词组、辞藻、刺字、参赞、村子

(二) 舌尖前音(平舌音)与舌尖后音(翘舌音)对比分辨

舌尖前音包括z、c、s；舌尖后音包括zh、ch、sh、r。两组音的对比分辨主要是针对z—zh、c—ch和s—sh进行的。训练时应明确相应的两个音的发音方法是一致

的，区别主要在于发音部位的不同。舌尖前音z、c、s发音时，成阻部位在上齿背（个别人放在下齿背也能发出相同音质的音）；舌尖后音zh、ch、sh、r发音时，成阻部位在上齿龈后硬腭前部。

z—zh：

单音节字：

砸——渣　泽——喆　子——指　足——竹　坐——桌　再——债
造——兆　醉——坠　邹——粥　攒——展　纂——篆　遵——谆
臧——章　赠——郑　宗——中

双音节词：

早早——昭昭　足足——灼灼　藏族——谆谆　走走——专指
宗族——专职　簪子——辗转　自组——主抓　脏字——昭著
咂嘴——闸口　责骂——哲理　紫色——值日　醉汉——坠子
攥紧——撰写　遵循——准备　憎恨——争吵　孜然——忠诚

混合练习：

自治、尊重、增长、做主、杂志、在职、资助、自重、罪状
宗旨、遵照、坐诊、作战、自主、杂症、栽种、宰制、组织
再者、载重、赞助、增值、滋长、资质、资政、紫竹、奏章
子侄、自传、字纸、总账、组装、尊长、转载、追踪、制造
振作、正宗、准则、种子、知足、侄子、指责、制作、职责
沼泽、种族、正在、渣滓、宅子、寨子、掌嘴、章则、争嘴

c—ch：

单音节字：

擦——插　册——撤　词——池　粗——初　搓——戳　才——柴
漕——朝　凑——臭　残——馋　窜——串　村——春　藏——肠
蹭——秤　葱——冲　催——吹

双音节词：

粗糙——楚楚　猜测——铲除　苍苍——查处　刺草——迟迟

错字——绰号　彩色——拆迁　漕运——超产　凑齐——惆怅

残次——颤抖　篡夺——传世　村子——春雨　仓促——猖狂

曾经——称臣　匆促——憧憬　催促——垂涎

混合练习：

蚕虫、操场、财产、擦车、促成、采茶、残喘、草创、磁场

仓储、辞呈、操持、裁撤、裁处、彩超、彩车、彩绸、存查

菜场、参禅、餐车、操场、槽床、草场、测查、催产、促成

炒菜、冲刺、尺寸、趁此、差错、纯粹、初次、船舱、场次

春蚕、出操、揣测、储藏、插册、柴草、长辞、唱词、唇彩

长存、陈醋、车次、陈词、成才、吃醋、初测、虫草、川菜

s—sh：

单音节字：

撒——杀　色——射　四——事　苏——书　所——硕　赛——晒

岁——税　扫——少　艘——收　伞——闪　酸——栓　孙——顺

桑——伤　僧——声

双音节词：

飒飒——膳食　瑟瑟——善事　思索——实施　诉讼——数数

梭梭——烁烁　缫丝——声声　簌簌——睡熟　嫂子——烧水

搜捕——售后　散漫——山水　算计——拴住　孙子——顺子

嗓子——上升　僧侣——少数

混合练习：

飒爽、散射、散失、桑树、桑葚、丧失、死守、死水、扫视

私事、私塾、厮杀、厮守、四声、诉说、四时、四书、松鼠

松手、送审、搜身、声色、殊死、输送、十四、守岁、受损

上色、神色、哨所、深色、生涩、绳索、胜似、食宿、胜诉

失散、失色、世俗、石笋、石锁、誓死

(三) 舌尖后音与舌面音对比分辨

舌尖后音包括zh、ch、sh和r；舌面音包括j、q、x。训练时要注意舌尖后音的成阻部位在上齿龈后硬腭前，发音时舌尖翘起与成阻部位接触或接近；而舌面音的成阻部位在硬腭前部，发音时，舌面前部上抬与硬腭前部接触或接近，舌尖则应自然而松弛地悬垂于下齿背。

zh—j：

单音节字：

指——挤　祝——句　专——娟　谆——菌　找——卷
煮——交　抓——觉　赵——蒋　战——几　至——久

双音节词：

战争——救济　辗转——拒绝　支柱——积极　卓著——交集
智慧——既然　著作——剧中　篆刻——捐赠　准备——菌群

混合练习：

着急、中景、斋戒、撞击、洲际、浙江、直接、主角、之间
专家、中间、专辑、证据、至今、逐渐、中介、涨价、主机
抓紧、震惊、拯救、终究、中奖、占据、正经、真假、证件
剧中、借助、戒指、记者、价值、建筑、简直、紧张、家长
集中、竞争、机制、兼职、局长、禁止、精致、截至、进展
居住、家中、假装、见证、教主、驾照、截止、极致、纠正

ch—q：

单音节字：

池——骑　出——区　传——全　纯——裙　楚——曲
缠——圈　吵——起　触——翘　唱——劝　扯——且

双音节词：

驰骋——气球　楚楚——区区　传唱——权且　初春——群情
查抄——凄切　橱窗——求签　超产——取钱　常常——秋千

混合练习：

出去、纯情、逞强、拆迁、传奇、重庆、初秋、长期、重启
抽取、初期、春秋、超强、城区、长裙、澄清、除去、产权
插曲、成全、痴情、传球、城墙、出奇、超前、抽签、祛除
清楚、汽车、青春、起床、全场、全程、骑车、清晨、清除
球场、气场、清纯、取出、清朝、清澈、强拆、起初、牵扯
倾城、虔诚、启程、全城、雀巢、全称、前场

sh—x：

单音节字：

时——习　树——蓄　涮——漩　舜——讯　山——西
烧——先　书——寻　伤——修　闪——笑　瘦——戏

双音节词：

实施——嬉戏　叔叔——栩栩　树梢——玄虚　顺手——讯息
手术——消息　少数——想象　省市——喜讯　稍事——循序

混合练习：

首先、山西、事先、实习、伤心、失心、实现、熟悉、上线
上学、数学、属性、剩下、师兄、实行、刷新、上下、手续
陕西、顺序、少许、涉嫌、神仙、事项、手下、筛选、舒心
小时、小说、新手、下手、消失、现实、孝顺、学生、显示
销售、先生、享受、欣赏、形式、吸收、牺牲、选手、修身
小事、学术、向上、形势、协商、新生、香水、下属、行驶

(四) 鼻音与边音对比分辨

鼻音n与边音l的区分主要在于把握带音气流的流向。发鼻音时，软腭降下，打开鼻腔通路，带音气流从鼻腔流出；发边音时，软腭抬起，关闭鼻腔通路，带音气流从舌头两边流出。

n—l：

单音节字：

那——啦　讷——乐　你——里　奴——卢　挪——罗　聂——列

虐——略　奈——赖　馁——累　闹——唠　鸟——撩　牛——流

南——蓝　年——连　暖——卵　您——林　囊——狼　娘——梁

能——棱　宁——凌　农——龙

双音节词：

奶奶——拉力　讷讷——乐乐　农奴——劳碌　哪里——来历

恼怒——老路　难住——拦住　鸟雀——了却　南部——蓝布

浓重——隆重　泥浆——漓江　千年——牵连　留念——留恋

允诺——陨落　门内——门类　蜗牛——涡流　无奈——无赖

混合练习：

哪里、能力、努力、年龄、能量、你俩、农历、奴隶、内力、
女郎、奶酪、南路、耐力、内敛、男篮、内陆、浓烈、那辆、
年老、牛郎、纳兰、纳凉、脑力、鸟类、纳粮、尼龙、内乱、
理念、两年、辽宁、老娘、流年、李宁、老衲、李娜、龙年、
历年、留念、利尿、列宁、两难、冷暖、烂泥、连年、落难。

(五) 唇齿音与舌根音对比分辨

唇齿音f和舌根音h同属擦音，区别在于发音时唇齿音f应是上齿与下唇内缘成阻，而舌根音h是舌根与软腭成阻。

f—h：

单音节字：

发——哈　符——虎　非——灰　否——吼　烦——含　分——婚

房——行　风——亨

双音节词：

福分——很好　放风——行会　方法——和好　反复——含糊

复原——互援　防止——黄纸　开发——开花　幅度——弧度

防空——航空　反复——欢呼　粉尘——很沉　伏案——湖岸

混合练习：

废话、发货、符合、发挥、返回、凤凰、复活、繁华、符号

饭后、防护、分红、富豪、丰厚、复合、峰会、分行、富含

发火、分化、封号、粉红、放缓、烽火、负荷、饭盒、反悔

护符、回复、护肤、恢复、话费、合肥、花费、合法、划分

耗费、哈佛、寒风、汉服、盒饭、后方、回访、横幅、荒废

海风、画风、化肥、韩服、护法、汇丰、花粉、豪放、焕发

二、韵母对比分辨

(一) 单韵母对比分辨

单韵母对比分辨的训练，主要应注意展唇音e、i与圆唇音o、ü的唇形区别。

e—o(uo)：

葛——我　哥——锅　讷——波　个——末　客——破　喝——火

喆——卓　撒——龊　射——硕　仄——作　测——错　色——所

双音节词：

合格——窝窝　苛刻——伯伯　客车——婆婆　讷讷——薄膜

仄仄——做作　设计——硕鼠　喝水——火锅　个体——过错

混合练习：

胳膊、折磨、隔膜、刻薄、合伙、车祸、合作、热锅

伯乐、挫折、火车、获得、所得、或者、波折、墨盒

i—ü：

单音节字：

你——女　里——吕　挤——举　七——区　西——需　依——迂

比——驴　几——菊　记——渠　椅——聚　低——叙　必——趣

双音节词：

比拟——女婿　意义——聚居　嬉戏——徐徐　奇迹——龃龉

脾气——玉宇　积极——屡屡　历历——旅居　笔记——栩栩

混合练习：

鲤鱼、奇遇、唏嘘、机遇、例句、碧绿、极具、必须

续集、狙击、余力、玉立、履历、距离、拘礼、绿篱

(二) 复韵母对比分辨

复韵母对比分辨要注意齐齿呼与撮口呼的对比训练。

ie—üe：

单音节字：

聂——虐　列——略　杰——决　切——却　歇——薛　夜——月

双音节词：

孽缘——虐待　列举——略去　解除——决绝　切实——确实

鞋业——学业　夜晚——月亮

混合练习：

解决、谢绝、灭绝、月夜、确切、学业、决裂

ian—üan：

单音节字：

间——娟　签——圈　先——轩　言——园

双音节词：

渐渐——涓涓　签字——圈子　先前——轩辕　言语——园丁

混合练习：

边卷、边泉、编选、边沿、片全、偏远、棉卷、面选、绵远

电源、天泉、田园、年选、帘卷、练拳、连选、脸圆、健全

栋选、减员、缱绻、前悬、前缘、线绢、线圈、闲远、眼圈

演员、卷边、眷念、眷恋、捐建、捐钱、捐献、卷烟、权变

全篇、全面、全年、劝谏、圈钱、权限、泉眼、选编、选片

轩冕、悬念、选廉、悬剑、选贤、宣言、原点、原先、怨言

in—ün：

单音节字：

进——俊　亲——逡　新——熏　音——晕

双音节词：

紧张——俊俏　亲戚——逡巡　新鲜——勋章　印记——熨烫

混合练习：

品讯、民群、民讯、民运、嶙峋、禁军、进群、缙云

秦军、禽群、亲讯、琴韵、薪金、心云、音讯、氤氲

(三) 鼻韵母对比分辨

前后鼻韵的对比分辨，要着重体会发前鼻音时，舌尖往前往上运动的趋势，以及发后鼻音时舌根往后往上运动的趋势，并归音到位。

an—ang：

单音节字：

班——帮　盼——胖　满——莽　饭——放　但——荡　谈——堂

男——囊　蓝——狼　敢——港　刊——康　喊——航　展——涨

产——场　山——伤　然——壤　完——王　言——杨

双音节词：

班级——帮忙　盼望——膀胱　满意——莽撞　烦恼——防线

丹参——党参　谈吐——唐突　难能——囊括　栏杆——朗朗

感动——港湾　刊登——亢奋　汉族——航线　战士——仗势

产地——场地　善感——伤感　舟舟——嚷嚷　万象——望向

混合练习：

板房、半糖、伴郎、班长、伴唱、半晌、版样、攀钢、瞻仰

盘账、盼望、满档、满堂、慢帐、漫长、满仓、蛮王、番邦

繁忙、反方、饭堂、饭囊、返岗、反抗、返航、翻唱、战场

犯上、藩王、担当、蛋汤、胆囊、单杠、弹仓、淡忘、丹阳

探访、坦荡、探囊、探航、探长、弹唱、摊上、贪赃、坦桑

探望、南方、南航、南昌、难忘、烂账、澜沧、篮网、站岗

赶忙、敢当、赶趟、肝脏、赶往、看望、汉唐、绽放、涵养样板、网站、账单、挡板、访谈、杠杆、航班、长斑、长安

ian—iang：

单音节字：

年——娘　连——粮　见——将　倩——呛　线——像　言——样
天——江　先——香　剪——相　肩——强　变——蒋　显——翔

双音节词：

显现——奖项　垫肩——良将　先贤——将相　渐渐——强抢
欠钱——想象　先前——强项　检点——踉跄　鲜见——江乡

混合练习：

变量、边疆、变强、变相、变样、偏将、偏向、面酱、勉强
面相、绵阳、掂量、点将、电箱、天亮、天降、年强、念想
连梁、练枪、联想、见谅、健将、坚强、简阳、牵强、限量
两边、亮剑、江边、姜片、讲演、象限、抢先、强健、抢钱

uan—uang：

单音节字：

关——光　宽——框　欢——慌　专——装　串——创　栓——双
还——黄　鸾——狂　管——广　款——旷　环——晃　钻——壮

双音节词：

款款——惶惶　乱管——框框　缓缓——黄庄　转转——状况
串联——窗帘　拴住——双人　丸子——王子　罐子——幌子

混合练习：

观光、灌装、关窗、官网、宽广、换装、换床、换双
专网、船王、栓矿、晚装、晚霜、光环、逛完、忘完
狂欢、狂赚、矿船、皇冠、壮观、装船、闯关、网管
双管、双款

第二章 语音与正音

en—eng：

单音节字：

本——绷 喷——碰 闷——蒙 分——风 嫩——能 跟——更
肯——坑 很——横 真——整 陈——成 深——生 怎——曾
岑——层 森——僧 问——翁

双音节词：

本人——绷着 侦张——膨胀 分数——枫树 森林——僧俗
嫩黄——能力 跟进——更胜 肯定——铿锵 很是——横式
真的——整的 尘世——城市 身后——生日 怎么——赠送

混合练习：

本能、门缝、门坑、闷哼、闷声、门僧、门翁、分泵、分盟
分羹、粪坑、纷争、纷呈、跟风、真正、缝针、诚恳、生辰
封神、升本、生嫩、生根、声震

in—ing：

单音节字：

斌——并 拼——凭 民——名 您——宁 林——玲 进——经
亲——情 新——兴 音——应

双音节词：

滨海——病害 拼音——评语 民生——名声 您好——宁静
邻居——灵气 进去——景区 亲近——请进 音乐——英语

混合练习：

品评、拼命、聘请、品行、民兵、民评、民命、阴影、民警
民情、敏行、民营、临幸、金陵、亲情、精品、警民、精心
静音、倾尽、清新、清音、影音

un—ong：

单音节字：

顿——冻 吞——通 轮——龙 棍——共 困——控 婚——轰

准——种　春——冲　尊——宗　存——从　孙——送

双音节词：

困货——同伙　轮胎——龙泰　棍棒——共帮　存放——从此

困顿——空气　婚礼——红利　准确——种子　春天——充填

尊重——总重　孙女——送礼

混合练习：

炖冻、钝痛、炖盅、屯空、论功、轮空、轮种、滚动、滚筒

昆虫、混种、蠢动、纯铜、纯种、尊重、尊崇、遵从、村东

存送、冬春、冬笋、通论、铜棍、通婚、同村、童孙、忠魂

冲昏、重孙

ün——iong：

单音节字：

军——窘　群——琼　寻——熊　云——泳　俊——凶

双音节词：

俊俏——窘境　群体——琼海　寻找——雄伟　云游——拥有

混合练习：

军用、群雄、群涌、运用、拥军

三、声调对比分辨

声调的对比分辨，首先应明确四个声调的调值，分别是阴平55调，阳平35调，上声214调和去声51调。在训练过程中要着重体会不同调音节的调值区别，并发音到位。

1. 成语练习

居安思危、挖空心思、忧心忡忡、含糊其词、名存实亡、穷极无聊、文如其人

岂有此理、见利忘义、自暴自弃、万事俱备、意气用事、千锤百炼、山明水秀

风调雨顺、深谋远虑、文从字顺、同床异梦、延年益寿、陈词滥调、义正词严

寸步难行、众志成城、盛气凌人、翻云覆雨、班门弄斧、高抬贵手、心领神会

双管齐下、方底圆盖、光彩夺目、身体力行、挥洒自如、花好月圆、金口玉言

孤陋寡闻、车载斗量、三教九流、挥汗如雨、积重难返、集思广益、南征北战
长吁短叹、眉飞色舞、和风细雨、残花败柳、别有天地、白纸黑字、名满天下
言简意赅、别有用心、梁上君子、明目张胆、秦晋之好、普天同庆、眼花缭乱
草菅人命、打家劫舍、耳聪目明、感激涕零、滚瓜烂熟、粉妆玉琢、举足轻重
感同身受、百无一是、等闲视之、粉白黛黑、骨腾肉飞、语重心长、苦尽甘来
骨肉相残、惨淡经营、虎背熊腰、老气横秋、蛊惑人心、落花流水、卧薪尝胆
淡妆浓抹、论功行赏、不拘小节、困知勉行、背山起楼、画龙点睛、抱残守缺
祸从口出、敬而远之、浩如烟海、豁然开朗、害群之马、姹紫嫣红、触景生情

2. 同音异读比较

按时——暗示　　包围——保卫　　参与——残余　　厨房——处方
返利——范例　　更改——梗概　　俘虏——附录　　孤立——鼓励
欢迎——幻影　　将就——讲究　　接触——杰出　　科技——客机
朴质——朴实　　情愿——请愿　　生理——胜利　　下机——夏季
颜色——眼色　　取消——取笑　　身材——神采　　无理——武力
挑拣——条件　　小看——校刊　　荣华——融化　　平凡——平反
论争——论证　　哪个——那个　　毛巾——冒进
编织——编制——贬值　　单子——胆子——担子
抵制——地址——地质　　污秽——舞会——误会
蒸汽——整齐——正气

第三章 发声与美化

第一节 播音主持艺术发声概论

教学目标：

科学认识职业岗位对播音员、主持人声音能力的需求；掌握发声原理与发声的基本感觉；养成使用与保护同步进行的良好发声习惯。

人的声音，是天赋的乐器，有的坚实浑圆，有的高亢明亮，有的松弛醇厚，有的柔美动人。因为每个人的发音器官在生理上都存在一定的差异，这便造就了人们各不相同、独一无二的声音。

对于播音与主持艺术专业的学生来说，重视声音的训练，就是重视对自身吐字发声硬件的打磨，也是从根本上提升自己的核心竞争力。

节目主持人完成节目内容、实现信息传播的主要载体是声音。富有美感、具有表现力的声音可以对受众产生足够的吸引力，以确保信息传播的优质与高效。因此，我们应牢固树立声音的审美意识，客观认识自己的声音，并坚持用科学的方法对其进行完善和美化，做到既减轻发声负担，又优化声音传播的效果与质量。

一、"声音审美"的标准

广播电视具有稍纵即逝的传播特点,这就要求从业人员在传播信息时声音必须达到"准确规范,清晰流畅;圆润集中,朴实明朗;刚柔并济,虚实结合;色彩丰富,变化自如"的要求,这也是我们应共同明确的"声音审美"标准。同时,由于每个人先天发音条件、后天用声、饮食及生活习惯等方面存在一定差异,所以每个人的声音也都有着自身的特色与个性。我们应如何来理解这个"声音审美"的标准呢?

(一)"准确规范、清晰流畅"

这是对语音提出的基本要求。

准确,包括发音位置、发音方法、内容表达及信息传递等的准确。

规范,指的是标准规范的普通话。从普通话的定义上来认识,其语音系统是剔除了土语、俚语的北京语音;而北方方言体系较之其他地区的方言语法也更为规范。

清晰,是指吐字时字音要颗粒清晰,连贯地形成自然语流。

流畅,指的是语言要通顺流畅,舒展自然。

(二)"圆润集中、朴实明朗"

这是对发声提出的具体要求。播音员、主持人最重要的劳动工具是嗓子,所以声音要好听,不能"沙、嘶、劈、哑、涩",要没有"疙瘩"。

圆润集中,是指声音不软、字音不扁,并形成束状,集中外送,利于听辨。

朴实明朗,是指语言要平实质朴,接近生活语言,并能根据所说内容的不同而变化情感基调与语言色彩。

(三)"刚柔并济,虚实结合"

这是对吐字提出的具体要求,是指发声要有弹性、有韧性,能刚能柔,有实有虚。一般来说,男性声音偏刚,女性声音偏柔,这是由性别不同、生理特点不同等造成的。但同时也应注意,无论男性还是女性,声音过刚、过柔,都是不合适的,要在自身声音特色的基础上能刚能柔,刚柔并济,以免"过刚则直、过柔则嗲"。

另外,声音还要虚实结合,有些人过于追求声音的"亮",或者说"金属质感"，而一味地用实声发声，使声音听起来显得很"拙"，不能够很好地表达出细腻的情感；还有些人过分追求声音的柔美、有感情，而过多地使用气声，导致声音听起来显得虚假。

因此，只有刚中有柔、柔中有刚，虚中有实、实中有虚，刚柔并济、虚实结合，并随着意义和感情表达的要求而灵活运用才是正确的用声方法。

(四)"色彩丰富，变化自如"

这是对声音色彩的要求。

声音色彩，是节目主持人随着稿件内容发展而运动变化着的感情的外在体现。人的感情是不断运动变化着的，声音色彩也是在对比变化中体现出来的。声音色彩，就如同画家的调色板，越丰富细腻就越能传情达意、越富表现力。感情色彩的变化是丰富无穷的，声音色彩的变化也是这样。我们学习发音吐字的基本方法是为了利于声音的变化，而不是为了追求固定不变的音色。

因此，色彩丰富、变化自如指的是我们应该拥有富于变化的声音色彩和多样化的表达技巧，以适应不同节目内容的需求，有效增强声音的美感与吸引力。

要达到这些标准，就需要我们从多方面进行锻炼，包括呼吸的控制、口腔的控制、喉部的控制、共鸣的控制、声音的弹性，以及情、声、气的配合训练等，通过科学的发声方式，以情带声地发出符合听觉审美，符合节目需求，吸引受众注意的好声音。

我们有理由相信：只要方法科学、运用得当、勤于训练，好声音是可以练出来的。

二、发声的原理

(一) 发声的物理基础

声音是由振动产生的。人类发出的有声语言，是位于喉室中央的两条声带受气流冲击产生振动而形成的。因此，这个声音也和其他物理振动发出的声音一样，具有声音的本质属性，即构成声音的四要素。

1. 音高

音高是指声音的高低变化。一个人说话的音高情况与其声带的长短、厚薄和松紧有关。一般来说，声带绷得越紧，振动越快，发出的声音就越高越亮；声带越松、振动越慢，发出的声音也就越低越暗。从这个意义上来说，在声带长短、厚薄相对固定的情况下，可以通过调整声带发音时的松紧和振动频率来改变声音的音高。

2. 音强

音强是指声音的强弱变化。在发音时，我们都有这样的体会，当需要大声说话时，会下意识地加大吸气量，以增强发音器官肌肉收缩的力度。由于振动声带的气流量增加，发音器官的力量增强，声波的振幅加大，声音强度自然也会增加。所以，要想调整声音的强弱，关键在于对气息流量和发音器官肌肉力度的调节上。

3. 音长

音长是指声音持续时间的长短变化。声波持续得越长，音长也就越长。在影视人物声音造型时，可通过音长的调整来塑造具有典型性格的人物。例如，性格急躁的人，可将音节的音长相应缩短，造成一种说话急促甚至蹦字的语言效果；反之，可将音节的音长延长、发满，这样说话的速度自然也就减慢了，塑造出一种不紧不慢的说话状态。

4. 音色

音色是指声音的特色。它是由声带的松紧、收缩的质量、共鸣腔体的使用、气息的运用和发音习惯等因素共同决定的。音色的改变可以通过声带的松紧变化、各个共鸣腔的侧重使用、气息的调整，以及改变口腔开度等方法达到，具体方法如下：

(1) 声带的松紧。声带越紧，声音越高越亮；声带越松，声音则越沉越暗。而声带的松紧，与喉头的松紧、下巴的松紧是有着密切联系的。

(2) 共鸣的使用。一般情况下，口腔共鸣的音色通透明亮、圆润饱满、穿透力强；鼻腔共鸣的音色带有鼻化色彩，音色偏闷偏窄；头腔共鸣的音色高亢明亮，发音位置偏高；咽腔共鸣的音色带有金属般脆亮的感觉；胸腔共鸣的音色饱满厚实，宽阔深沉，具有一定的厚重感。

(3) 气息的运用。气息是发声的动力之源，通常情况下，人们说话的声音是呈现出声气各半的虚实声的，此时的音色为柔和音色；也有些人说话的气息较重，伴随说话而出的气息量较大，此时的音色便会偏虚，声音较飘，不厚实；还有些人说话时声音较重，力量较强，气息大多转为了发声的动力，所以音色偏冷，声音较实。

当然，每个人的音色都是个性化的，发声的不同方式也是综合使用的，只是由于发声习惯的不同，各有侧重罢了。而这些不同的习惯，也就造成了不同的音色差异。

(二) 发声的生理基础

物理基础探讨的是构成声音的四要素，生理基础则指的是人们发出声音的载体，也就是支撑人们发音的器官，包括呼吸器官、发声器官、咬字器官和共鸣器官等。

1. 呼吸器官

人们发声的动力系统是呼吸器官，它们科学、有效地配合协作，为我们发声提供了充足的动力来源，具体包括肺、气管、支气管、胸腔和膈肌。外界空气经由口、鼻通道，通过气管和支气管吸入肺部，进行气体交换后，在呼出的过程中，气流经过声带，使声带产生振动而形成了声音。

2. 发声器官

发声器官又叫作振动器官，主要指的是喉头和声带。声带位于喉头的中间，是两片富有弹性的象牙白色带状薄膜。两片声带之间的空隙叫声门，当肌肉收缩，构状软骨活动起来时，便可使声带放松或收紧，从而使声门打开或关闭，此时从肺中呼出来的气流便通过声门使声带振动而发出了声音。

3. 咬字器官

咬字器官在发音吐字过程占有极其重要的位置，它包括了唇、齿、舌、腭四大部分。准确清晰、圆润饱满的音节，就是在咬字器官不同形态变化的有序配合下形成的。因此，它是我们人类语音的"造字场"。

4. 共鸣器官

共鸣器官的协同工作，是对声音进行美化、扩大的工序。它主要包括胸腔、气管、喉腔、咽腔、口腔、鼻腔和头腔。共鸣腔体根据其体积的固定性和灵活性，分为可调节共鸣器(喉腔、咽腔和口腔)和不可调节共鸣器(鼻腔、胸腔)，这些共鸣腔体如同一组天然的音响系统，把喉部发出的微弱声音进行美化放大，从而形成具有组合音响效果的声音。

(三) 发声的心理基础

人类有声语言的产生是从一个有声语言代码介入的意识活动开始的。这一活动是在说话人大脑言语中枢中进行的。[①]

---

① 吴弘毅. 普通话语音与播音发声[M]. 北京：中国传媒大学出版社，2002.

因此，在发声过程中人的心理活动起着决定性的作用，但同时我们也不能忽视发音器官的协同配合。如果发音器官不具备灵活的协同配合能力，大脑发出的发音指令就不能顺利完成，就会伴随出现发音不流畅、发音不准确等问题。

三、播音主持发声的综合感觉

发声吐字是播音员、主持人必须修炼的一项基本功，它也是我们获得清晰、响亮、好听声音的基础。归纳起来，播音员、主持人发声的综合感觉应该是：声音像一条有弹性的带子，下端从小腹拉出，垂直向上，至口咽腔，沿上腭中纵线前行，受口腔的节制，形成字音，字音像被"吸着"而"挂"在硬腭前部，由上门齿处弹出，流动向前。这种感觉就是我们常说的"声挂前腭"。如何才能获得这种发声的综合感觉呢，概括起来就是："气息下沉，喉部放松，不僵不挤，声音贯通。"

声音是播音员、主持人的创作工具，没有好的声音作为载体，再深刻的理解和感受表达时也会感到"声不由己"。因此，声音的锻炼必须紧密结合播音发声的这种综合感觉，并根据自身的发声条件进行科学训练，由易到难，由浅入深。

四、嗓音的保护

在学习发声技能的开篇就谈到嗓音保护，这是很有必要的。我们必须先建立起嗓音保护的意识，在保护的状态下来进行科学训练，才能使声音越练越动听，越练越健康。因此，特别提醒同学们要重视这部分的学习，建立嗓音保护的意识与理念，只有使用与保护并重，嗓音才可能持久焕发青春。

(一) 坚持科学练声与用声

这是播音员、主持人嗓音保护的根本原则。我们的练声过程必须按照"以情带声、以声传情；以情运气、气随情动；以情用声、声随情变；声情并茂、传情达意"的总体要求来进行。概括来看，就是声音的练习必须服务于内容，服务于思想感情表达的需要。

在练习时，要注意发"暖声"，状态应该积极热情，面部呈"似微笑"状。同时还应把握住练声的顺序,即声音由小到大,由弱渐强,由低至高,由近及远,由虚转实,由短到长,由柔到刚。

(二) 避免嗓子超时超量超负荷工作

一般来说,晨练控制在20分钟至半小时为宜,主要目的是把嗓子练开、练舒服,切不可盲目加大嗓音的运动量。在嗓音疲劳的时候,可用气泡音来帮助消除疲劳。气泡音是弱气流冲击声带,声带在压力最自然的状态下发出的音,是一种很好的声带保健方法。具体做法是:喉部放松,喉结处于适中的位置,气吸至5~7成,然后松弛地发出较明亮的颗粒感较强的气泡音。最好以"啊"音的延长音作为练习材料"a——"。如果一时发不好,可反复做几次伸舌的动作,把舌头用力地向外伸,张大口,这样能起到调节喉结紧张度的作用,在喉部松弛的状况下再来发音。气泡音在练声前练习可起到活动开声带的作用,在练声后能起到保健按摩的作用。在练声前后常做此练习可以有效提高发声效率、缓解嗓音疲劳。

(三) 注意日常的嗓音保护

从事嗓音工作的人,除了注重掌握科学发声方法外,为了保护嗓音,防止疾患,还需在日常生活中注意以下几点:

(1) 根据自身的嗓音条件,取长补短,量力而行;循序渐进,持之以恒。一般来说,只要方法科学,练习得法,嗓音是可以得到较大改善的。

(2) 增强体育锻炼。发音器官健康与否,很大程度上取决于身体的健康状况。对于播音员主持人及其他语言艺术学习者来说,适当增强耐力性的体育锻炼,如跑步等,能有效提高呼吸肌肉群对气息的控制力,从而大大提高发声的效率。正所谓"气乃音之帅也"。

(3) 睡眠要充足,睡眠不足会引起声带充血、喉肌疲劳,致使声音黯淡嘶哑。

(4) 养成良好的生活习惯、饮食习惯。要避免或减少烟酒刺激,因为抽烟会使声带黏膜干燥、充血、肥厚,使喉下分泌物增多,从而引起声音变低、音色昏暗沙哑等。饮酒除了辛辣对喉部的直接刺激外,还可能会使大脑及发声器官功能失调。

(5) 进行嗓音工作前半小时最好不要吃油腻的食品,否则容易造成嗓子不清爽、发黏。

(6) 女性例假期间，不要高声练习，最好少用嗓，因为这期间往往伴随声带充血、水肿，如高声练习，容易产生声带小结。建议在这期间做些无声练习，如唇舌力量、口腔开合度及气息训练等。

(7) 剧烈运动后不宜喝冷饮。人在运动时，声带处于发热充血状态，如果此时喝冷饮，声带遇冷会不正常收缩，长此以往，容易引发声带的病变。

(8) 感冒及其他常见呼吸道疾病须及时治疗，否则容易引起慢性咽喉炎、鼻炎等。

总之，好的嗓子是按照科学的方法，经过严格训练得来的。使用与保护是同时进行的，切不可盲目使用而不去保护。否则，声音变坏，甚至患上严重喉部疾病而被迫离开播音主持岗位，则悔之晚矣。

第二节　呼吸控制

教学目标：

明确呼吸原理及播音主持工作对呼吸的要求。体会并掌握胸腹联合式呼吸法，通过训练达到灵活自如的运用，有效提升发声能力。

呼吸是身体与外界环境之间气体交换的过程。

对生命来说，呼吸是生存本能；而对语言艺术来说，气息的调节与呼吸的控制则是表情达意的需要。

在播音主持专业学习的过程中，不少人在思想上并不重视呼吸控制，对呼吸的运用也仅停留在"本能"阶段。在业界，主持人"粗声大气""娇声娇气""有声无气""声嘶气竭"等现象时有发生，这些过于"自然"的呼吸状态容易给正在学习的准从业人员造成认知上的混乱，导致他们无法区分生活中的呼吸状态与工作中的呼吸状态。在本节中，我们将从呼吸原理、呼吸方式、呼吸控制和调节几个方面进行讲解，并配以相应练习加以巩固。在练习时应注重思想感情的激发和引领、注意呼吸的"开源节流"及各器官间的密切配合，在稳定中达到气息运用的灵活自如。

呼吸控制作为一项专业基础训练，其重要性不容忽视，对其掌握是否扎实，也将直接影响接下来的语言表达及广播、电视播音主持的学习效果。

一、发声的动力——呼吸

"自然、真实、生动"可以说是一切艺术表现形式的审美基础,更是我们对声音表达的基本要求。要达到这样的审美要求,除了先天的嗓音条件之外,后天持之以恒、坚持不懈的声音训练也是不可缺少的。

声音训练首先涉及的就是呼吸,没有呼吸的支持,生命就无法维持,也就更谈不上发声了。古人曾说过"气动则声发""气为声之本,犹如树之根",这充分说明了气息在发声中的重要地位和作用。可是呼吸到底是怎样产生的?我们又应该怎样运用呼吸才能达到专业的发声要求呢?这就得从对呼吸器官的认识和呼吸原理的理解说起了。

(一) 呼吸器官与呼吸原理

呼吸器官是人体发声的动力器官,主要由口、鼻、咽、喉、气管、支气管、胸廓、肺、横膈膜以及呼吸肌肉群等部分组成。

我们可以将肺、胸廓看作一个储存气息的"仓库";口、鼻、咽、喉、气管和支气管等形成了气息流动的通道;横膈膜及呼吸肌肉群则像是气息的搬运工,其中横膈膜更是构成了"仓库"富有弹性的底部,成为胸腔和腹腔的分界线。

当膈肌和肋间肌收缩时,胸廓扩张,膈肌下降,空气会经过通道进入肺部,这个过程就是"吸"。当膈肌与肋间肌松弛时,胸廓会弹性回收,气息便经由通道排出体外,这个过程就叫"呼"。呼吸运动实际上也就是肋间肌和横膈肌等呼吸肌群收缩和舒张而产生的胸廓扩大和缩小的运动。

(二) 播音主持对呼吸的要求

人的呼吸是一种本能行为,并且往往处在有意识的说话和无意识的呼吸状态下。因此,说话时容易出现如下三种情况。

情况一:气息量较小,音量相应也较小。

情况二:气息压力不稳定,语言容易显得头重脚轻。

情况三:气息缺乏持久和稳定性,大声说话时间一久就会感到吃力。

以上三种情况,均为日常呼吸状态下说话所体现出的问题。虽然不影响交流,但却无法满足播音主持艺术用声的要求。可以想象，播音员、主持人在话筒前或者镜头前有气无力地说话，说不了多久就气喘吁吁、声嘶力竭那会是怎样的一幅场景。因此，我们对播音主持的呼吸状态便提出了具体的要求，要求呼吸由"无意识"向"有意识"过渡。具体方法如下：

(1) 要有较持久的控制能力；

(2) 保持较稳定的气息压力；

(3) 呼气时间较长，并能根据需要及时补充气息；

(4) 对气息的控制能够收放自如；

(5) 要学会短时无声吸气。

这几个要求可概括为"稳劲、持久、自如"。稳劲是对气息状态而言的，持久是对气息持续时间而言的，而自如则是对气息的灵活度而言的。

(三) 呼吸方式

1. 了解你的呼吸方式

在学习呼吸方式之前，请做一个自我测试，即按自己生活中的状态进行呼吸。

如果在呼吸时感到胸部憋闷、不舒展，像被绳子捆起来，颈部僵硬不灵活，肩膀随着呼吸起伏较大，发出的声音又窄又细、轻飘飘的，不自然且费力，那么这种呼吸方式就被称为胸式呼吸。胸式呼吸主要是靠提起胸部肋骨来吸气，膈肌向下移动较少，对扩大胸廓的作用不大。这种呼吸方式的特点是吸气量小，呼出的气流浅而弱，气息常浮在上胸部，容易引起肩部、喉部的紧张，影响发声。

如果在呼吸时发现胸廓没有明显活动，但是腹部放松外突，发出的声音比较暗哑、沉闷，那么这种呼吸方式就被称为腹式呼吸。腹式呼吸主要是靠下降膈肌来吸气。这种呼吸方式与胸式呼吸相比吸气量比较大，呼出的气流也强一些。尽管也有人运用腹式呼吸播音，但是这种呼吸运用还不是最科学的。

那我们究竟需要的是什么样的呼吸呢？答案就是：胸腹联合式呼吸。

2. 胸腹联合式呼吸

胸腹联合式呼吸，结合了胸式和腹式两种呼吸方式，具有很明显的优势。

吸气时，胸廓向外扩展、膈肌收缩下降、小腹内收、胸腔的前后左右全面扩大，吸气量最大，气吸得最深；呼气时，呼气肌肉群仍然保持一定力量与吸气肌肉群抗衡，用以控制气息的流量与强度，这时呼出的气流均匀、持久、强而有力。用这种呼吸方式把胸部、膈肌和腹部联系起来，既能使储存气息的空间扩大，又有了控制的支点，能够有效地"开源节流"。同时，采用胸腹联合式呼吸发出的声音比较坚实、响亮，是声音自如变化的基础。因此，这种呼吸方式是最为理想的呼吸方式。

(四) 胸腹联合式呼吸的要领

呼吸训练的关键在于体会到符合要求的实际感觉，并持之以恒加以掌握。根据胸腹联合式呼吸的要求，吸气时要着重体会气息下沉、两肋开、横隔降、小腹微收的感觉；而呼气时小腹仍要保持收紧状态，胸廓和膈肌慢慢恢复，并体会气息的稳定、持久，进而逐步达到控制的自如。在具体练习中，应注意如下几方面。

1. 正确的姿势

站姿：站直，双脚平稳着地，腰背挺直，小腹微收，肩胸放松，直视正前方。

坐姿：尽量找硬质的椅凳，坐在椅子的前1/3处，腰背挺直，小腹微收，双脚平稳着地，双手平放于腿上或叉腰，直视正前方。

2. 吸气前，先深呼一口气

呼气有利于吸气肌肉群的放松，以便于更好地吸入气息。如果脑子总是想着要吸气，就会使吸气肌肉群一直处于无法放松的状态，气息也就难以自如地被吸入了。

3. 始终保持兴奋、从容的状态

气流从口鼻自然流入，且吸气无声。同时应注意不要刻意张大嘴巴，并减少气流与舌部和喉部的摩擦，否则容易出现咳嗽或呛喉等情况。

4. 吸气时，气要吸得深，引导气息通畅下行至肺底

这时两肋扩张，膈肌下降，腰背扩展，明显感觉气息下行，腰围加大，好像胖了一圈。注意，吸气不要过满，一般吸到七八成即可，应留有余地，因为吸得太撑会影响肌肉的活动。

5. 吸气时，小腹保持微收状态

此时的微收状态不等于整个腹部都用力向内吸，使腹部凹陷，否则只会使膈肌向上挤压，反而减小了肺部扩展的空间。所以正确的姿势是保持腹壁相对不凹不凸的"站定"状态，收缩感集中在肚脐以下三寸的"丹田"处。

6. 呼气时，小腹仍保持微收状态

膈肌和两肋不要马上松懈，要随着气息的呼出，逐渐恢复到自然状态。

7. 练习时既要注意力集中，又要心情舒畅

呼气时自然送出，不要都含在嘴里，这样才能舒展自然，达到练习的效果。

(五) 气息的强控制与弱控制

在胸腹联合式呼吸中，腹肌的控制非常重要。根据呼吸时腹肌发力状态的不同，一般可分为强控制和弱控制。

强控制，顾名思义就是腹肌的支持力量较强，感觉也较明显。主要是通过腹肌与膈肌的强对抗使胸腔内形成较大气压，从而发出较高、较强的声音。

弱控制，则指的是腹肌支持力量较弱，胸腔内气息压力较小，发出声音较低、较小的一种控制。在训练过程中把握气息的弱控制，可以塑造出亲切自然的声音。

表达时，声音越低、越轻、越小则越需要充足的气息支持和腹肌的托送感觉。而气息由强到弱或由弱到强的关键，就是把握好腹肌由紧到松或由松到紧的控制感觉。强控制是弱控制的基础，初学者从强控制练起比较容易找到呼吸控制中发力和用力的感觉。而相对于强控制，弱控制的掌握有一定难度，它与生活中自然呼吸状态有着本质区别，是一种对气息精致细腻的把控，我们在训练中应细致揣摩、仔细体会、循序渐进地掌握。

(六) 呼吸训练

1. 呼吸练习

闻花香

想象面前有一盆很香的花，但不知道是什么名字。闭上眼，微笑着去闻、去辨别、去体会。然后，用嘴缓慢地均匀地呼出气息。

抬重物

准备抬起重物时，总是要深吸一口气，此时憋住，并体会腰部扩张，腰部和腹部一起用力的状态。这时的感觉和胸腹联合式呼吸中吸气最后一刻的感觉应是一致的。

半打哈欠

微张着嘴打哈欠，进气最后一刻的感觉和胸腹联合式呼吸中吸气最后一刻的感觉应是相似的。

吹蜡烛

在没有风的地方点燃一支蜡烛。先深吸一口气，用这口气轻轻地、持久地把蜡烛的火焰吹向一边，但应控制呼出的气流，不能把蜡烛吹灭，并尽量保持火焰均匀的倾倒幅度。吹气时间越长，小腹就越能体会到腹部和膈肌对气息的控制。

吐"嘶"声

深吸一口气，然后从牙缝间轻松地吐出"嘶"声。要求这个声音要均匀绵长，平稳流畅。练习时，要将"嘶"声想象成一条细细的有弹性的丝线，从腹部起垂直拉出。

吹纸片

拿起一张纸片，放在离嘴唇大概10厘米左右的地方，深吸气后，对着纸片的一角持续的吹气。如果气息控制较好，均匀、平稳又集中，那么纸片就会持续有规律地颤动。

2. 弹发训练

"hèi"的弹发

深吸气后，发出一个扎实的"hèi"音。要求喉部、下巴松弛。在膈肌单声弹发状态稳定的情况下，增加连续弹发"hèi"音的次数，连发2个、3个、4个、5个……直至可连续发出7～8个"hèi"音。连续弹发时，要注意气息的力量均匀，发出的"hèi"音也需保持音量、音高、音色的始终一致。在连续弹发时，还应注意将膈肌的力量控制集中到弹发的瞬间。而在弹发间隔时，膈肌要迅速放松还原到原位。只有弹发后的迅速放松才能使气流不断地进入、弹出，也才有利于膈肌再次积聚力量进行弹发。

数数弹发

深吸气，发1、2、3、4，再吸气发2、2、3、4，并依此类推。

3. 结合简单发声的呼吸练习

(1) 发音高一致的单元音延长音。a、o、e、i、u、ü，可以一个一个发，也可以连发。

(2) 吸一口气数数"1、2、3、4……"中途不换气、不补气，并保证数字间匀速、语音规整、音高一致、力度一致、声音圆润集中；出声则出气，不出声时不漏气；开头的数字气不冲、声不紧，末尾的数字气不憋、声不噎；气竭则声停。

(3) 夸张的上声练习。

美 好 海 宝 满 响 炒 脑 找 跑 稿 扰 角

(4) 呼唤练习。假设熟悉的人在远处，你发现了他要喊他，迅速抢吸一口气，然后拖长腔喊他："喂……"被设定的距离由近及远变化，3米、5米、10米……根据距离的变化进行人名呼唤练习，体会腹肌的控制感觉。

4. 呼吸综合练习

(1) 声调训练。在夸张的练习中注意阴平、阳平、上声、去声的气息控制特点。阴平，起音高平莫低昂，气息平均不紧张；阳平，从中起音向上扬，用气弱起逐渐强；上声，先降后转向上挑，降时气稳扬时强；去声，高扬直送向低走，强起弱降向低唱。

单音节训练

吧 拔 把 爸 一 姨 乙 艺
迂 于 雨 遇 乌 吴 舞 误
科 咳 渴 客 辉 回 毁 惠
飞 肥 匪 费 风 冯 讽 奉
通 同 桶 痛 妞 牛 扭 拗

顺序组合四声词语练习

兵强马壮 光明磊落 山穷水尽 山明水秀 山盟海誓
千锤百炼 飞檐走壁 飞禽走兽 风调雨顺 经年累月
心怀叵测 心直口快 心明眼亮 妖魔鬼怪 优柔寡断
妻离子散 阴谋诡计 花团锦簇 花红柳绿 鸡鸣狗盗

逆序组合四声词语练习

逆水行舟	妙手回春	热火朝天	兔死狐悲	驷马难追
信以为真	背井离乡	遍体鳞伤	步履维艰	倒果为因
地广人稀	调虎离山	奋起直追	叫苦连天	救死扶伤
刻骨铭心	墨守成规	木已成舟	暮鼓晨钟	破釜沉舟
梦想成真	万古长青	视死如归	痛改前非	耀武扬威

(2) 绕口令训练。本节绕口令的训练不要一味以快为目的，而要在练习过程中体会气息的控制，达到呼吸控制要求。建议采用由慢速到中速再到快速的顺序进行练习。

书费本费书本费(连说5遍)
班干部搬干苞谷杆(连着念)
牛拉碾子碾牛料，碾了牛料留牛料(连着念)

青柳条

青柳条，编簸箕，编好簸箕簸糯米。簸飞糠，簸飞皮，飞糠飞皮不飞米。

黑和灰

黑是黑，灰是灰，黑不是灰，灰不是黑，煤是黑，石是灰，煤被烧过变成灰，石涂上墨变了黑。

数红旗

广场上，飘红旗，看你能数几面旗：一面旗，两面旗，三面旗，四面旗，五面旗，六面旗，七面旗，八面旗，九面旗，十面旗；十面旗，九面旗，八面旗，七面旗，六面旗，五面旗，四面旗，三面旗，两面旗，一面旗。

数枣

出东门，过大桥，大桥底下一树枣，拿着杆子去打枣，青的多，红的少：一个枣，两个枣，三个枣，四个枣，五个枣，六个枣，七个枣，八个枣，九个枣，十个枣。十个枣，九个枣，八个枣，七个枣，六个枣，五个枣，四个枣，三个枣，两个枣，一个枣。这是一个绕口令，一气儿说完才算好。

数葫芦

南园一堆葫芦，结得滴里嘟噜，甜葫芦，苦葫芦，红葫芦，鼓葫芦，好汉数不出二十四个葫芦：一个葫芦，两个葫芦，三个葫芦，四个葫芦，五个葫芦，六个葫芦，七个葫芦，八个葫芦，九个葫芦，十个葫芦，十一个葫芦，十二个葫芦，十三个葫芦，十四个葫芦，十五个葫芦，十六个葫芦，十七个葫芦，十八个葫芦，十九个葫芦，二十个葫芦，二十一个葫芦，二十二个葫芦，二十三个葫芦，二十四个葫芦。

(3) 开场语练习。体会在不同场合下说开场语，气息的强弱控制。

"观众朋友们，晚上好！"

语境要求：新闻联播开场；演播室晚会直播开场；大型户外节目直播开场。

"听众朋友，您好！"

语境要求：早新闻开场；夜间谈话节目开场；健康节目开场；娱乐节目开场。

(4) 古诗词朗诵。在理解的基础上，于声音的高低、强弱、虚实、明暗变化中体会呼吸控制。

《明日歌》钱鹤滩

明日复明日，明日何其多。
我生待明日，万事成蹉跎。
世人若被明日累，春去秋来老将至。
朝看水东流，暮看日西坠。
百年明日能几何？请君听我明日歌。

《赠刘景文》苏轼

荷尽已无擎雨盖，菊残犹有傲霜枝。
一年好景君须记，正是橙黄橘绿时。

《酬乐天扬州初逢席上见赠》刘禹锡

巴山楚水凄凉地，二十三年弃置身。
怀旧空吟闻笛赋，到乡翻似烂柯人。

沉舟侧畔千帆过，病树前头万木春。
今日听君歌一曲，暂凭杯酒长精神。

《暮江吟》白居易
一道残阳铺水中，半江瑟瑟半江红。
可怜九月初三夜，露似珍珠月似弓。

二、气息的运用

呼吸是为发声服务的，在表达过程中，我们必须通过不断呼吸来补充气息，才能将语言的意思表达得完整清晰。播音主持专业要求进行科学的呼吸训练，也就是为了使我们能在新闻播报和节目主持的过程中更自如地进行表达。

换气是正常的生理需求，是补充气息的方法，也是延续语言的手段。很多同学习惯憋着气或含着气说话，更有甚者，在一句话进行的途中不敢换气。遇到篇幅较长，结构、语法关系较为复杂的内容后更是束手无策。要解决这个问题，我们就需要掌握换气的方法，做到及时补气、换气，以保证语言内容的完整和活力。

(一) 换气的要领

换气的总体要求是：句首换气，无声到位，句子当中少量补充，句子之间从容换气，句子结尾余气托送。

1. 句首换气

不要句子一说完就立刻吸气，为了不影响思想感情的表达，应在下一句开始时进气，否则会给听者留下急促、慌张的听觉印象。

2. 换气要到位

换气时要注意腰背部的扩展感和丹田的控制感。这种感觉可以时大时小，但绝不能时有时无。

3. 留有余地

留有余地包含两方面意思：一是指吸气不要过饱，那样会造成器官僵持，影响发声；二是指呼气时不要将气息从肺里挤得过于干净，应当有所剩余。即使是换气,也应留有储备,不要将气用尽了才考虑换气。

(二) 换气方法

气息是语言的动力,因此需要在发声过程中及时进行补充。一般来说,换气的基本要求是:补气够用,换气到位,并根据需要灵活补气,多则多补,少则少补,不可千篇一律。通常换气包括四种情况:

1. 正常换气

在语言表达中,换气的位置不能光看标点符号,更要考虑语意是否连贯、清晰,语气是否贴切、生动。当然,在一般表达过程中,正常换气的次数是没有限制的。

2. 偷气

偷气是发声过程中一种无声补充气息的方式,常在句中或句尾连接的空隙中进气,进气速度快,瞬间完成,且吸气量小、不露痕迹。

3. 抢气

抢气是呼吸过程中带有吸气声的换气方式,常在句中或句子之间非常急促的吸气。在表达某种紧急情况或强烈的情感时,往往会运用抢气方式,故意使吸气中带有声响。

4. 就气

就气,实际上并没有进行换气,而是利用肺里的余气将话说完。这种技巧虽然语句有停顿,但是并不进气,而是调动体内的余气进行补充,使内容一气呵成。需要提醒的是,就气时一定要注意气息稳托稳送,不要声嘶力竭。

(三) 换气训练

1. 笠翁对韵(节选)

天对地,雨对风,大陆对长空。

山花对海树,赤日对苍穹。

雷隐隐,雾蒙蒙,日下对天中。

风高秋月白,雨霁晚霞红。牛女二星河左右,参商两曜斗西东。

十月塞边,飒飒寒霜惊戍旅;三冬江上,漫漫朔雪冷渔翁。

河对汉,绿对红,雨伯对雷公。

烟楼对雪洞，月殿对天宫。

云缥缈，日曈朦，腊屐对渔篷。

过天星似箭，吐魂月如弓。

驿旅客逢梅子雨，池亭人挹荷花风。

茅店村前，皓月坠林鸡唱韵；板桥路上，青霜锁道马行踪。

山对海，华对嵩，四岳对三公。

宫花对禁柳，塞雁对江龙。

清暑殿，广寒宫，拾翠对题红。

庄周梦化蝶，吕望兆飞熊。

北牖当风停夏扇，南帘曝日省冬烘。

鹤舞楼头，玉笛弄残仙子月；凤翔台上，紫箫吹断美人风。

2. 绕口令

玲珑塔塔玲珑，玲珑宝塔第一层。一张高桌，四条腿，一个和尚一本经，一副铙钹一口磬，一个木啦鱼子一盏灯，一个金铃，整四两，风儿一刮响哗楞！

玲珑塔塔玲珑，玲珑宝塔隔过二层数三层。三张高桌，十二条腿，三个和尚三本经，三副铙钹三口磬，三个木啦鱼子三盏灯，三个金铃，十二两，风儿一刮响哗楞！

玲珑塔塔玲珑，玲珑宝塔第五层。五张高桌，二十条腿，五个和尚五本经，五副铙钹五口磬，五个木啦鱼子五盏灯，五个金铃，二十两，风儿一刮响哗楞！

玲珑塔塔玲珑，玲珑宝塔第七层。七张高桌，二十八条腿，七个和尚七本经，七副铙钹七口磬，七个木啦鱼子七盏灯，七个金铃，二十八两，风儿一刮响哗楞！

玲珑塔塔玲珑，玲珑宝塔第九层。九张高桌，三十六条腿，九个和尚九本经，九副铙钹九口磬，九个木啦鱼子九盏灯，九个金铃，三十六两，风儿一刮响哗楞！

玲珑塔塔玲珑，玲珑宝塔十一层。十一张高桌，四十四条腿，十一个和尚十一本经，十一副铙钹十一口磬，十一个木啦鱼子十一盏灯，十一个金铃，四十四两，风儿一刮响哗楞！

玲珑塔塔玲珑，玲珑宝塔到顶十三层。十三张高桌，五十二条腿，十三个和尚十三本经，十三副铙钹十三口磬，十三个木啦鱼子十三盏灯，十三个金铃，五十二两，风儿一刮响哗楞！

玲珑塔塔玲珑，玲珑宝塔往回数是十二层。十二张高桌，四十八条腿，十二个和尚十二本经，十二副铙钹十二口磬，十二个木啦鱼子十二盏灯，十二个金铃，四十八两，风儿一刮响哗楞！

玲珑塔塔玲珑，玲珑宝塔第十层。十张高桌，四十条腿，十个和尚十本经，十副铙钹十口磬，十个木啦鱼子十盏灯，十个金铃，四十两，风儿一刮响哗楞！

玲珑塔塔玲珑，玲珑宝塔第八层。八张高桌，三十二条腿，八个和尚八本经，八副铙钹八口磬，八个木啦鱼子八盏灯，八个金铃，三十二两，风儿一刮响哗楞！

玲珑塔塔玲珑，玲珑宝塔第六层。六张高桌，二十四条腿，六个和尚六本经，六副铙钹六口磬，六个木啦鱼子六盏灯，六个金铃，二十四两，风儿一刮响哗楞！

玲珑塔塔玲珑，玲珑宝塔第四层。四张高桌，十六条腿，四个和尚四本经，四副铙钹四口磬，四个木啦鱼子四盏灯，四个金铃，十六两，风儿一刮响哗楞！

玲珑塔塔玲珑，玲珑宝塔第二层。两张高桌，八条腿，两个和尚两本经，两副铙钹两口磬，两个木啦鱼子两盏灯，两个金铃，整八两，风儿一刮响哗楞！

三、感情与呼吸控制

人的气息状态每时每刻都会随着感情的起伏而变化。生活中，很多成语都能反映出气息与感情之间存在的联系，比如垂头丧气、理直气壮、怒气冲天、趾高气扬等。因此，以情调气、气随情动是呼吸控制的高级阶段，需要我们在学习中注意深入生活、加强体验，注意根据内容具体感受以调动自己的感情，并随时调整气息状态，使感情与气息始终贴合，最终达到自如运用、提高呼吸控制能力的目的。

(一) 呼吸与感情的关系

思想感情与呼吸之间的关系非常微妙。人的感情变化往往会引发人体器官的一系列变化。相关研究数据显示，在不同感情状态下，人的呼吸次数和呼吸方式都会发生一定的变化。

就呼吸次数而言，愉快时，每分钟17次左右；悲伤时，每分钟降至9次左右；在平静的状态下思考问题时，每分钟呼吸约为20次；而愤怒时则升至40次；在恐惧时更可达到约64次。

就呼吸方式而言，心情愉悦时，呼吸是轻快而顺畅的；气愤恼怒时，呼吸有时会有憋气状态，呼吸气流强，冲击力大；悲哀忧伤时，会呈无力的长呼吸状态，并伴有唉声叹气；而惊慌恐惧时，则呈现出半开口倒吸气，气息集中在胸部的状态，随着恐惧感加剧，还会引起呼吸节奏的紊乱和气息的颤抖等。当人们处在思索和思念状态时，往往会有托气的现象，甚至伴有长吁短叹；在思考问题时，可能深吸一口气，托气凝思；当找到答案时，则会长舒一口气，将气流缓缓呼出。

由此可见，感情色彩能使呼吸状态发生变化。呼吸的从容、紧张、长短、深浅等也在色彩纷呈地传递着不同的内心感受，所以把握好呼吸与感情的关系，能使语言表达更为真实自然、生动丰富。

(二) 呼吸与感情的调节

不同的感情色彩，总是有不同的气息状态与之相对应。在戏剧语言发声中，也有"气欲动，言欲出，必先有所思，先有其情"的说法，并进行了相应的总结：

平静的时候——气正而自然　　愤怒的时候——气喷胸胀满
悲哀的时候——气短多长叹　　欢乐的时候——气满在丹田
惊骇的时候——气抖声发颤　　疑惑的时候——气息往回卷
放松的时候——气息舒而展　　柔情的时候——气息温而绵
遮掩的时候——气虚语慌乱　　不屑的时候——气哼小腹弹
紧张的时候——气提来回喘　　专注的时候——气托等回言
烦闷的时候——气吹响艳然　　病危的时候——声弱气息奄

播音主持艺术作品的创作千变万化，在处理气息与情感的关系上要遵循的原则：以情运气，气随情动，声随情变，气随情走。在进行呼吸控制训练时，应以稿件内容为依据，结合情感进行气息调节，实现气托声、声传情，从而达到呼吸自如运用的要求。根据张颂老师所总结概括的十种情感色彩及其在气息和声音上所体现的特点，可做出以下情与气之间关系的总结，供大家在呼吸控制、气息调节训练时参考：

(1) 播送内容坚定昂扬的稿件时，要求气息深厚、扎实，声音高昂、响亮，吐字饱满，铿锵有力。

(2) 播送内容粗犷、豪放、有气魄的稿件时，气息深而足、有控制。声音偏刚、开阔、口腔开度大、咬字力度强。

(3) 播送内容活跃、欢乐的稿件时，气息通畅而运用灵活。使用偏高、偏前的声音，口腔较松弛，字音弹发而出，轻松有活力。

(4) 播送内容清新舒展的稿件时，气息深而长、气流徐缓。多用偏小的音量，声音柔和，吐字清晰干脆。

(5) 播送内容紧张、节奏较快的稿件时，气息随声音的顿挫而运动，促而不浮，声音要有高低、松紧、大小、厚薄的变化，口腔控制灵活利索，多利用句中顿挫进行呼吸调节，内容清晰、紧而不乱。

(6) 播送内容凄楚、忧伤的稿件时，多使用偏低偏沉的音色，气息托稳，伴随着叹息感发出，伴有句中顿挫和句间停歇。

(7) 播送内容令人悲哀、沉痛的稿件时，气息沉缓，时断时续，声音低暗、偏沉，咬字迟滞。

(8) 播送义正词严地谴责与批评的稿件时，气息扎实、沉稳，声音宽厚、高亢、明朗，字音饱满有力。

(9) 播送具有较强讽刺性内容的稿件时，呼吸通畅，气息饱满，时而上提但不浮，声音偏高、偏前、偏紧，有明显变化，口腔开度小，咬字动作有所夸张。

(10) 播送涉及不同人物及他们对话的稿件时，要根据人物的性别、年龄及不同的性格对气息进行控制。一般情况下，小孩气浮浅，声音偏高、明亮，字偏前；中青年的气息扎实、沉稳，声音较结实、响亮，吐字快而有力；老人的气散，时而颤抖，或沉或提。

这十条总结虽具有代表性，但在实际运用中不能生搬硬套。在播音创作时应以理解感受为基础，运用真实的情感进行呼吸和气息的控制、调节，才能体现出语言表达的灵活性、多样性和细腻性。

四、呼吸控制综合训练

1. 根据不同情感要求进行气息调节，并注意体会气息的变化

(1) "好啊"

语境分别设计成：值得称赞、怒气难消、冷嘲热讽。

(2)"下雨了"

语境分别设计成:盼望已久、欣喜不已;警告大家、切勿草率;兴致全无、垂头丧气。

(3)"难道是他"

语境分别设计成:惊喜、惊恐、疑惑。

2. 句段训练

(1)明天大清早起身赶路,回家过年。收整了行装,装了电脑、相机、一路上看的书、两件衣服,一个背包就搞定,感觉非常轻松。昨天买了瓶香水,是一种夏天的味道,很好闻,让我一下子开始想象起了开春后阳光明媚、生机盎然的北京了。嗯,不错不错!

(2)13日上午10时,凄厉的警报声响彻南京,江苏省暨南京市各界人士、驻宁部队代表和专程来宁的中外和平友好人士共约5000人,在侵华日军南京大屠杀遇难同胞纪念馆举行悼念仪式暨国际和平日集会,悼念76年前被侵华日军血腥屠杀的30多万遇难者。

(3)不知道为什么,社会上存在着一个不成文的规定:成年人不应该大哭。哭,经常被解释成软弱的表现。实际上,在遭遇最大不幸时大哭一场,这是对人体不幸的自然反应,如果你不愿意哭或不会哭,那么在精神上或身体上就会出点毛病。专家们大都认为,眼泪是一副天赐的良药。

(4)六连伤亡很重,阵地上只剩下20多人,团指挥所未来得及调整兵力,杨伯涛又发起了进攻,争夺的焦点还是杨庄。阵地上唯一的共产党员郭栓柱主动担任指挥员,果断地把剩余战士编成两个班,他和机枪连杨排长担任班长,立即投入阻击战斗。由于敌我力量悬殊,杨排长和4个战士牺牲,敌人又突入阵地。左右阵地的五连、十一连集中火力封锁突破口,郭栓柱率领余下战士再次展开白刃战,终于又将敌人逼出阵地。

(5)坚决惩治和有效预防腐败,关系人心向背和党的生死存亡,是党必须始终抓好的重大政治任务。我们要认真贯彻党中央的战略部署,将反腐倡廉贯穿于改革开放和现代化建设的全过程,坚持标本兼治、综合治理、惩防并举、注重预防的方针,加强以保持与人民群众血肉联系为重点的作风建设,加强以完善惩治和预防腐败体系为重点的反腐倡廉建设,在坚决惩治腐败的同时,更加注重治本,更加注重预防,更加注重体制建设,为贯彻落实党的路线方针政策提供有力保证。

(6)小猫满月的时候更可爱,腿脚还不稳,可是已经学会淘气。一根鸡毛,一个线团,都是它的好玩具,要个没完没了。一玩起来,它不知要摔多少跟头,但是跌倒了马上起来,再跑再跌。它的头撞在门上、桌腿上,撞疼了也不哭。它的胆子越来越大,逐渐开辟新的游戏场所。它到院子里来了,院中的花草可遭了殃。它在花盆里摔跤,抱着花枝打秋千,所到之处,枝折花落。你见了,绝不会责打它,它是那么生机勃勃,天真可爱!

(7)各位嘉宾,各位朋友,大家晚上好!在这充满激情、充满活力的盛夏之夜,我们相聚在这里,一起举办"奥运中华情"——迎奥运联欢晚会,欢迎您光临晚会现场!

3. 古代作品练习

《岳阳楼记》 范仲淹

庆历四年春,滕子京谪守巴陵郡。越明年,政通人和,百废俱兴。乃重修岳阳楼,增其旧制,刻唐贤今人诗赋于其上,属予作文以记之。

予观夫巴陵胜状,在洞庭一湖。衔远山,吞长江,浩浩汤汤,横无际涯;朝晖夕阴,气象万千。此则岳阳楼之大观也,前人之述备矣。然则北通巫峡,南极潇湘,迁客骚人,多会于此。览物之情,得无异乎?

若夫淫雨霏霏,连月不开,阴风怒号,浊浪排空;日星隐曜,山岳潜形;商旅不行,樯倾楫摧;薄暮冥冥,虎啸猿啼。登斯楼也,则有去国怀乡,忧谗畏讥,满目萧然,感极而悲者矣。

至若春和景明,波澜不惊;上下天光,一碧万顷;沙鸥翔集,锦鳞游泳;岸芷汀兰,郁郁青青。而或长烟一空,皓月千里,浮光跃金,静影沉璧,渔歌互答,此乐何极!登斯楼也,则有心旷神怡,宠辱偕忘,把酒临风,其喜洋洋者矣。

嗟夫!予尝求古仁人之心,或异二者之为,何哉?不以物喜,不以己悲;居庙堂之高则忧其民;处江湖之远则忧其君。是进亦忧,退亦忧。然则何时而乐耶?其必曰"先天下之忧而忧,后天下之乐而乐"乎?噫!微斯人,吾谁与归?

时六年九月十五日。

4. 新闻作品练习

《中国的脊梁》

这是海拔5380米的世界。抬头,是蓝蓝的天;俯首,是皑皑的雪;战士身上的军装,是这里唯一的绿色;直插云端的五星红旗,是热血浇灌的鲜花。

神仙湾,一个世界上最高的驻兵点,一个离太阳最近的哨卡。"天上无飞鸟,地上不长草,氧气吃不饱,六月雪花飘",半个多世纪以来,一茬又一茬中国人民解放军战士,就在这样的"生命禁区"中,像绿色的钢钉,牢牢钉在这一中国西北边防的制高点,守卫着共和国的和平。

这里的战士都会唱一首歌:"神仙湾啊,神仙湾,谁能上去谁就是神仙……""神仙"的日子什么样?

邓改军,这个曾任神仙湾哨卡连长的34岁军人,看上去竟像50多岁。酱紫的脸膛、凹陷的指甲,头上已经秃顶,干裂的嘴唇上涂着厚厚的用来止痛的牙膏,手臂上是斑斑点点的红色小疙瘩,这是高原最常见的皮肤炎。他的形象在神仙湾毫不稀奇,驻守在这里的官兵,95%以上患头发脱落、指甲凹陷、牙龈萎缩、心室肥大、消化系统紊乱等疾病。在山下很平常的感冒、咳嗽,在高原一不注意就可能引发致命的肺水肿、脑水肿。

"你体会过什么叫难受得要死吗?"官兵们形容高原反应时的感受:头疼得像要炸裂,用背包带勒、用手指掐、用拳头敲全都没用,"恨不得把自己的头砸碎"。高原反应一来,"吃和没吃一个样,睡和没睡一个样,病和没病一个样"。

生活中最轻松的吃饭,在这里也成为一道鬼门关。晕眩,没有食欲,肠胃里翻江倒海,战士们逼着自己坐在饭桌前,一口一口地硬塞、硬咽,吃了吐,吐了再吃。连队饭堂的墙上长年挂着一块"吃饭比赛光荣榜":一个馒头及格,两个馒头良好,三个馒头优秀。吃饭不再是个人的事,吃饭是为了生存,为了在生命禁区扎下根,为了练好兵、站好岗、巡逻时有力气。

那是怎样令人惊心动魄的巡逻啊!战士们穿着厚重的军大衣,披着白色的斗篷,一个挽一个在结满了冰溜子的山梁上攀爬,一步一喘,三步一停,翻过一座雪山,前面还有一座。高原的阳光明亮而耀眼,打在白皑皑的雪原上,投射出长长的淡蓝色人影。除了偶尔有风声的低啸,四周是空旷无边的寂静,这里,离天是这样近,离繁华是那样远。

翻看连队的执勤日志,几乎就是一部与死亡的搏斗记录:某年春,指导员安广福带队巡逻途中,遭遇暴风雪,被困13小时,多人冻伤……某年夏,连长邓改军带队勘察,突遇山洪暴发,巡逻车被冲入冰河,官兵砸碎天窗逃生……某年冬,巡逻队翻越喀喇昆仑山口,战士熊涛掉入3米深雪坑,连长马春林用外套结绳跳进雪坑营救,熊涛被救出时已失去知觉……

一位将军上山后感慨万千:"雪涌边关路,巡逻马不前。试问名利客,几人能戍边?"

"一代代边防军人是在用自己打了折扣、缩短了旅程的生命在守边防。"南疆军区副司令万宗林说出这句话,眼里含泪。

1982年9月被中央军委授予"喀喇昆仑钢铁哨卡"荣誉称号以来,神仙湾哨卡有8名官兵永远地倒在了雪山之巅,他们的平均年龄只有22岁。就连被边防官兵誉为"生命保护神"的30里营房医疗站,建站40多年,已有近两千名医护人员患过各种高原疾病,102人伤残或留下终身疾病。如果把进疆以来在高原病故牺牲的官兵坟茔排列开来,1400多公里的新藏公路沿线,每一公里都埋葬着一名烈士的遗骸。

然而,一个官兵倒下了,一批官兵又上来。连长邓改军就是在哥哥邓庆军牺牲在高原边防哨所之后,坚决向组织要求,踏上神仙湾的。而死去的人,他们的灵魂却是永生的。神仙湾哨卡第一任教导员沈鹏,因高原缺氧引发脑瘤,弥留之际,他向组织提出要求:"请把我埋葬在喀喇昆仑山上,我要陪战友们继续站岗!"

(节选自第二十届中国新闻奖作品《魅力中国 国庆特稿》)

第三节 口腔控制

教学目标:

口腔是重要的发声腔体,在这个腔体中,各咬字器官相互合作,形成了准确、清晰、圆润、集中、流畅的声音。对于播音员、主持人来说,口腔控制不能只是一时的控制,而是应该贯穿于整个发声过程中的。要想提升自己的吐字发声能力,除了对各咬字器官进行锻炼外,还应根据"吐字归音"的要求进行口腔控制的训练,并注意结合不同类型的稿件或节目内容来调整口腔控制方式,最终达到灵活运用、熟练自如的吐字状态。

一、口腔控制与咬字器官

播音员、主持人担负着推广普通话的示范工作,因此正确的发音部位与规范的发音方法是其语言准确的有力保证。

口腔在整个发声过程中处于最后关口,就如同接力比赛中"最后一棒"的位置一样关键,其水平发挥对整个结果有着至关重要的影响。"作为播音员、主持人的一项基本功,掌握正确的吐字方法,达到吐字准确清晰、圆润集中和富于变化,更完美地表达出有声语言中所蕴含的大量信息和丰富的思想感情,是每一个播音员和节目主持人不懈追求的目标之一"。[①]

相较于其他腔体的控制而言,口腔控制是既"简单"又"复杂"的。"简单",是因为口腔比较直观、运动状态容易控制;"复杂",则是因为口腔在开合、唇舌力度等方面从最大、最开状态到最小、闭合状态之间存在着很大的"弹性空间"。而口腔控制的核心就是要通过合理的方法驾驭这个"弹性空间",并把握好发音的分寸。

咬字过程中的口腔控制,离不开咬字器官的有效配合。人的咬字器官包括双唇、上下齿、舌、硬腭和软腭等。其中,舌又分为舌尖(包括生理舌尖与发音舌尖)、舌叶、舌面和舌根四个部分。咬字的过程就是通过口腔各咬字器官的动作对喉部发出的声束和肺部呼出的气流进行节制加工的过程。

二、吐字归音与字正腔圆

"吐字归音"是我国传统说唱理论中提及咬字方法时所用的一个术语,即把一个音节的发音过程分为出字、立字和归音三个阶段,并对每个阶段提出具体的发音控制要求,以保证发音吐字的准确规范;而"字正腔圆"则是从艺术审美的角度对"吐字归音"提出的进一步要求,也是播音员、主持人的一项基本功。

让我们具体来认识吐字归音。

从汉语音节的结构特点入手分析,把一个汉字音节分为字头、字腹和字尾三部分。字头是指音节开头的声母或是声母加上韵母的韵头(即介音,因为它对声母的发

---

① 吴弘毅. 实用播音教程——普通话语音和播音发声[M]. 北京:中国传媒大学出版社,2002.

音口形影响很大，因此一般将其列为字头)部分；字腹是指韵母中的主要元音；字尾则是指韵尾。如"piāo"音，字头为"pi"，字腹为"a"，字尾为"o"。一般来说，一个音节可能没有字头，如"ān"音，也可能没有字尾，如"jiā"音，但字腹是不可缺少的。

声调是汉语音节的重要组成部分，也是字音抑扬变化的核心。吐字归音对声调是有一定要求的，主要体现在字腹上，并贯穿于整个音节的始末，起着辨别意义的作用。

具体分析吐字归音的过程：

吐字归音要求在发音过程中的每个阶段都做出相应的处理，把对字头、字腹、字尾的处理分别叫作出字、立字、归音，并提出了严格的要求。

1. 出字——叼住弹出

出字是指字头的发音过程。当字头中有介音时，应把声母与介音看作一个整体。出字时，字头成阻部位的弹发要轻捷有力，这样才能带动字腹与字尾的响度，使整个字音的准确度、响亮度提升。

同时，出字也要注意力度的把握，不能咬得太紧或太松。如果咬得太紧，声音会显得笨拙、死板；如果咬得太松，可能会导致声音含混不清。老艺人所说的"噙字如噙虎"，就把出字过程形象地比作"噙"，如老虎叼着幼虎过山涧一样。既不能咬得太紧，把幼虎咬伤咬死，又不能松掉，否则幼虎会摔下去。故用力必须精准到位，恰到好处。因此，这个"噙"也可比作咬字要用劲儿，更要用巧劲儿。这个观念对我们的吐字归音训练有着重要的启发和借鉴意义。

另外，零声母音节虽然没有辅音字头，但在发音中也都会轻微摩擦，这种因摩擦而形成的音在发音时也应适度赋以力度，以避免音节界限模糊。

2. 立字——拉开立起

立字是针对字腹的发音过程而言的。字腹也就是韵腹，是韵母的主要元音，属于乐音，口腔开度最大，声音响亮而通畅。一个音节的发音是否能达到圆润响亮，与字腹的发音是有着密切关系的。

和字头、字尾相比较，字腹在发音中所占时值最长，占到一大半以上。虽然字腹是由单元音韵母构成的，但在发音时舌位也仍需有一些运动调整，以使声音不僵化，字音显得更为清晰饱满。

字腹的拉开立起可增大口腔开度,以取得较为丰富的泛音共鸣,并使语音更加清晰。如果口腔开度不够,可能会出现"音包字"的现象,给人语意不清、含糊其词的感觉。当i、u、ü等口腔开度较小的元音充当韵腹时,口腔也应适当开大一些,这叫"闭音稍开"。

3. 归音——弱收到位

归音指的是发音的收尾过程,要弱收到位。弱收是发音逐渐结束的过程,也是力渐松、气渐弱、口渐闭、声渐止的过程。

韵母发音是一个口腔由闭到开,再由开到闭的过程。为保持听觉上的自然流畅,在整个发音过程中,舌位的动程与唇形的圆展应是自然滑动过渡的。字尾在音节中较轻、较短,处理上不能"拖泥带水",应"趋向鲜明",以渐弱的感觉收尾,避免生硬。

4. "枣核形"——发音规范

"枣核形"是民间说唱艺术对一个音节完整发音过程的形象描述和比喻,是建立在汉语音节结构基础上的发音方法。借鉴这种方法,可以达到字音清晰圆润、颗粒饱满的效果。

根据汉语音节的结构特点,字头和字尾占的时间短一些,似一个枣核的两端,字腹占的时间长、力量相对也强些,好比枣核中间的凸起部分,一个音节完整的发音过程就好像一个枣核的形状,所以被称为"枣核形"。

"枣核形"是吐字归音的标准模式,也体现了清晰集中、圆润饱满的审美要求,如图3-1所示。

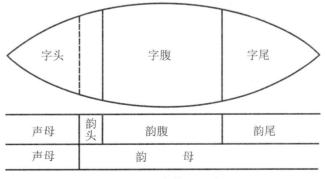

图3-1 "枣核形"图

"枣核形"发音状态作为一种技能训练,最终目的是要为表达思想感情而服务。在实际运用中，由于语流的形式千变万化、传情达意的需要各不相同，所以不能刻板僵化地机械套用。若每一个字都刻意达到标准的"枣核形"，那语言的自然流畅感反而会被破坏。

三、咬字器官的配合要领

想在发音时取得"叼住字头、立住字腹、收住字尾"，灵活把握"枣核形"的控制效果，就必须创造一个良好的口腔环境，使咬字器官协同配合，并保持相对稳定，使这种控制状态能够贯穿整个发音过程。具体实现的路径如下：

1. 打开口腔

从生理条件来看，人的口腔是一个"外大内小"的造型，也就是说，生活中我们说话，尤其是部分南方人说话，口腔内部的开度是相对偏小的，唇、齿、舌、腭等发音器官的运动空间也相对较小，所以声音听起来往往较扁较干、不够圆润响亮。为了达到声音的圆润响亮，用声时口腔内部的开度就应比生活语言的口腔开度稍大一些，为各个发音器官的运动提供较大的空间。

这种打开口腔内部，外嘴形保持正常开度的说话方式，我们可以形象地将其看作是一种"内大外小"的口腔状态。具体则可通过提颧肌、打牙关、挺软腭、松下巴，并保持自然说话的唇形开度来实现，如图3-2所示。

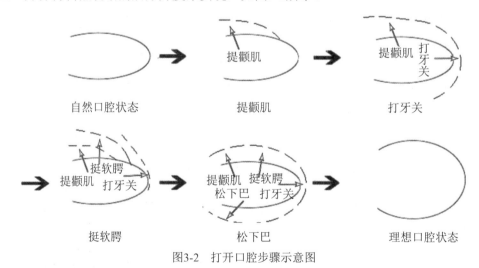

图3-2 打开口腔步骤示意图

(1) 提颧肌。颧肌是位于眼睛下方两厘米处的肌肉组织，呈倒三角形状，又被称为"笑肌"。

当我们微笑或者做出微笑动作时，颧肌就会明显上提，这时口腔的前部以及上腭的顶部会有微微上提展宽的感觉。同时上唇还会有紧贴牙齿的感觉，这样能对唇的运动起到依托作用，便于唇部稳定发力，对吐字的清晰明亮产生积极影响。

练习方法：可以用开大口同时展开鼻翼的办法来体会提颧肌的感觉。这样快速做上几十次后，颧肌会明显感到发酸，反复练习，颧肌力量便能加强，自然也就能提起来了。同时，生活中保持微笑的状态也是一种自然提起颧肌的有效途径，这样既有利于增加口腔开度、提高声音明亮度，也有利于增强自身的亲和力。

训练提示：提颧肌并不是要做成微笑的状态，而是使颧肌稍有紧张收缩的感觉就可以了，同时还需注意不要咧嘴。

(2) 打牙关。打牙关主要是指加大后牙关开度，使后口腔保持向上提起的感觉。这样做是为了通过加大后口腔开度为舌头提供前后移动的空间，同时也利于产生丰富的口腔共鸣，使声音扩大美化，减少用声时的喉部负担。

练习方法：可通过张嘴到极限或做空口咀嚼状来体会牙关扩张的感觉，还可以通过上齿刮舌面的动作来体会打开牙关。

训练提示：由于受方言发音习惯的影响，部分北方人说话时，牙关容易过于松开，导致发音位置靠后，声音发闷、字音含混，这时可以通过略微关小后牙关，使舌头位置适当前移来解决；而部分南方人说话时，牙关过紧，导致发音位置靠前，声音干涩、字音发扁，这就需要通过打开牙关，调整发音位置，使舌头位置适当后移来改善。

(3) 挺软腭。挺软腭是抬起上腭后部的动作，能有效加大口腔后部的空间。这个动作既可以增加口腔共鸣，又可以关闭鼻腔通道，避免带音气流过多灌入鼻腔。

练习方法：可以用夸张吸气、"半打哈欠"和闻花香的动作来体会软腭上挺的感觉。

训练提示：少部分人说话的时候，声音灌入鼻腔，造成浓重的鼻音色彩，听起来不够庄重朴实，这需要经常做挺起软腭的动作来强化纠正，并在生活中加以保持，从根本上改善鼻音过重的现象。

(4) 松下巴。下巴的紧张会使喉部肌肉不正常地紧张收缩，导致发声紧憋吃力，加重喉部负担,加速发声的疲劳感,所以只有通过练习将下巴放松,口腔才有可能真正打开,并保持声音的松弛。

练习方法:可模仿牙疼时说话的感觉来体会,因为在这种状态下,下巴处在相对松弛的状态。

训练提示:少部分人说话的时候习惯性将下巴前伸,造成舌头肌肉紧张,喉部受到拉扯,所以嗓子容易疲劳嘶哑,声音既不持久也不自然。这就需要在发声时有意识地控制下巴适当回收,使喉部处在相对松弛自然的状态下。

总的来说,"提、打、挺、松"四个步骤在具体运用中要相互配合,整体协调。其中,松下巴与打牙关是相辅相成的,提颧肌与挺软腭也是相互依存的。前期练习时可通过夸张的练习找到口腔打开的感觉,再通过针对性的练习逐渐形成自然习惯。

2. 唇、舌力量的集中

唇、舌力量的集中,是声音清晰度与穿透力的重要保证。

有的人发音时声音较散、不够清晰,唇部力量分散便是原因之一。所以发音时,唇部要收拢有力,将力量集中在唇的中央1/3处,同时保持嘴角的适度放松。

舌头是口腔内最重要的发音器官,因为普通话的音素,除了辅音音素b、p、m、f外,其他辅音和元音都跟舌的活动有密切联系。因此,加强舌头的训练,是口腔控制的重中之重。具体来说,舌的力量首先要集中在舌的前后中纵线上,无论发辅音还是发元音,舌的力量都应该集中,这样声音才会集中。

加强唇舌力度的训练,唇的力度主要通过撅唇、咧唇、绕唇、唇打响等练习来实现;舌的力度主要通过弹舌、刮舌、绕舌、顶舌等练习来实现,建议参照口部操的具体步骤进行训练。

另外,除了需要在平时的口部操练习中加强唇舌力度练习外,我们还可以借鉴传统曲艺中的贯口段子来练习唇舌灵活度。在练习过程中应遵循在字正腔圆的基础上逐渐加快语速,在感情充沛的基础上将内容有节奏感地表达出来。

3. 明确声音发出的路线和字音的着力位置

首先需要明确的是,所谓声音发出的路线和字音的着力位置,指的是一种发声时的感觉,而感觉上的东西,往往并不容易具体触碰,更需要我们通过小声慢练,在细节中感受和体会。

发声时,应有意识地将声音沿着软腭、硬腭的中纵线推到硬腭前部,这条中纵线可被形象地看成是声音发出的路线。硬腭的前部是我们吐字时字音的着力位置。练习时，可有意识地将力量往这个部位上送，以获得声音从上唇部上方透出的感觉，从而达到声音集中，音色明朗的效果。另外，还可以通过弹发"bang、pang、mang、fang、dang、tang"等音来具体感受声音呈一条抛物线沿上腭发出的路线。

四、实训材料

(一) 口部操

1. 唇的训练

(1) 撅唇咧唇——双唇闭拢，嘴角放松，力量逐渐向唇中部聚拢。注意唇不能向外翻开，然后将唇中部缓缓推起，保持，并逐渐放松还原到咧唇状。

(2) 绕唇——双唇紧闭、撮起，上下、左右，顺时针、逆时针360度绕动。

(3) 喷唇——双唇紧闭，力量集中，堵住气流，突然喷气出声，发出"po—po—po"音。

2. 舌的训练

(1) 弹舌——舌尖力量集中，抵住上齿龈，堵住气流，然后爆破成音。或弹发"da—de—ta—te"音，反复进行。

(2) 伸舌——用力把舌头往外伸，舌尖越尖越好，再往回缩，伸缩都尽量达到最大极限。

(3) 刮舌——舌尖抵下齿背，舌体用力，用上门齿的齿沿刮舌中纵线前后。

(4) 绕舌——闭唇，把舌尖伸到齿唇的中间，上下、左右，顺时针、逆时针环绕360度。

(5) 顶舌——先闭唇，舌尖力量集中，用力顶住左右的内颊。

3. 牙关训练

(1) 开合——张嘴像打哈欠，闭嘴如啃苹果。

(2) 咀嚼——张口咀嚼与闭口咀嚼结合进行，舌头自然放平。

(二) 吐字归音综合训练

1. 字头叼住练习

ba-bu-ba   pa-pu-pa   ma-mu-ma
fa-fu-fa   da-du-da   ta-tu-ta
na-nu-na   la-lu-la   ga-gu-ga
ka-ku-ka   ha-hu-ha   za-zu-za
ca-cu-ca   sa-su-sa   zha-zhu-zha
cha-chu-cha   sha-shu-sha
beng-ba-ba-ba-ba   beng-ba-ba
dong-da-da-da-da   dong-da-da
gong-ga-ga-ga-ga   gong-ga-ga

2. 字腹立起与归音到位练习

双音节：

b	颁布	冰雹	摆布	标榜	步兵	卑鄙
p	品牌	攀爬	乒乓	琵琶	澎湃	批评
m	密码	买卖	妹妹	默默	冒昧	面貌
f	发放	风范	肺腑	丰富	分发	非法
d	大胆	担当	单调	导弹	对待	动荡
t	天坛	探讨	天堂	妥帖	吞吐	淘汰
n	能耐	农奴	袅娜	南宁	牛腩	拿捏
l	拦路	理论	料理	嘹亮	褴褛	力量
g	广告	高贵	巩固	乖乖	公关	故宫
k	空旷	宽阔	可靠	苛刻	坎坷	慷慨
h	辉煌	后悔	绘画	黄河	憨厚	豪华
j	拒绝	家具	晋级	借鉴	金奖	季节
q	侵权	欠缺	全球	祈求	全权	崎岖
x	想象	形象	学校	谢谢	信息	信心
zh	庄重	主张	真正	真挚	注重	郑州

ch	叉车	查处	出差	穿插	长城	赤诚
sh	水手	时尚	硕士	收拾	事实	师生
r	软弱	柔韧	忍让	荏苒	融入	冉冉
z	祖宗	再造	总则	自尊	孜孜	藏族
c	璀璨	草丛	层次	此次	猜测	苍翠
s	松散	琐碎	诉讼	思索	飒飒	搜索

四音节：

开源节流	源远流长	百里挑一	海阔天空	返老还童
万象更新	龙腾虎跃	万紫千红	来日方长	高瞻远瞩
见多识广	眼疾手快	弄假成真	南腔北调	迫不及待
堂堂正正	力挽狂澜	春色满园	百花齐放	高朋满座
龙飞凤舞	天外有天	美不胜收	万水千山	包罗万象
鹏程万里	成人之美	一唱一和	漫山遍野	风雨同舟
如鱼得水	中流砥柱	反复无常	春风化雨	振振有词
高谈阔论	全力以赴	炯炯有神	五谷丰登	花红柳绿

3. 绕口令练习

瓦打马 a

瓦打马 马踏瓦

瓦打坏马 马踏坏瓦

借钵钵 o

王伯伯来借钵钵，我问婆婆要钵钵。

婆婆拿来钵钵，我拿钵钵递给伯伯。

王伯伯拿起钵钵笑呵呵。

鹅和河 e

坡上立着一只鹅，坡下就是一条河。

宽宽的河，肥肥的鹅，鹅要过河，

河要渡鹅，不知是鹅过河，还是河渡鹅。

王七上街去买席 i

清早起来雨淅淅，王七上街去买席。
骑着毛驴跑得急，捎带卖蛋又贩梨。
一跑跑到小桥西，毛驴一下跌了蹄。
　　打了蛋，撒了梨，跑了驴，
急得王七眼泪滴，又哭鸡蛋又骂驴。

护树 u

北风吹摇路边树，小陆上前把树护。
一根木杆路旁竖，一根绳子拴捆住。
树有木杆做支柱，木杆支树树稳固。

芜湖徐如玉 ü

芜湖徐如玉，出去屡次遇大雾。
曲阜苏愚卢，上路五回遇大雨。

海带和白菜 ai

艾白凯买来海带和白菜，
泡开海带切白菜，
摆好白菜切海带，
艾白凯爱吃海带拌白菜。

花更美 ei

有水无肥花不肥，有肥无水花不美。
种花施肥又浇水，肥水水肥花更美。

姥姥和老姥姥 ao

老姥姥老问姥姥老不老，
姥姥老问老姥姥小不小。

狗和猴 ou

杂技团里狗和猴，演个节目猴骑狗。

猴骑狗，狗驮猴，狗驮猴骑朝前走。

猴在狗背欺负狗，狗摔背上猴。

猴抓狗，狗咬猴，猴骑狗变成狗骑猴。

鸭和霞 ia

天空飘着一片霞，水上游来一群鸭。

霞是五彩霞，鸭是麻花鸭。

麻花鸭游进五彩霞，五彩霞网住麻花鸭。

乐坏了鸭，拍碎了霞，分不清是鸭还是霞。

切茄子 ie

姐姐借刀切茄子，去把儿去叶斜切丝。

切好茄子烧茄子，炒茄子、蒸茄子，

还有一碗焖茄子。

瓜瓜笑娃娃 ua

金瓜瓜，银瓜瓜，瓜棚上面结满瓜。

瓜瓜落下来，打着小娃娃。

娃娃叫妈妈，娃娃怪瓜瓜，

瓜瓜笑娃娃。

菠萝和陀螺 uo

坡上长菠萝，坡下玩陀螺。

坡上掉菠萝，菠萝砸陀螺。

砸破陀螺补陀螺，顶破菠萝剥菠萝。

绝学 üe

学绝学，练绝学，
是绝学就好好学，不是绝学也认真学。

慢表 iɑo

表慢，慢表，慢表慢半秒。
慢半秒，拨半秒，拨过半秒多半秒。
多半秒，拨半秒，拨过半秒少半秒。
拨来拨去是慢表，慢表表慢慢半秒。

绣鞋 iou

刘家刘秀秀，自绣绣花鞋。
花鞋秀秀绣，秀秀绣花鞋。
秀秀绣鞋花鞋秀。

谁锤快 uɑi

炉东有个锤快锤，
炉西有个锤锤快，
俩人炉前来比赛，
不知是锤快锤比锤锤快锤得快，
还是锤锤快比锤快锤锤得快。

谁胜谁 uei

梅小卫叫飞毛腿，卫小辉叫风难追。
俩人参加运动会，百米赛跑快如飞。
飞毛腿追风难追，风难追追飞毛腿。
梅小卫和卫小辉，最后不知谁胜谁。

帆船 an

蓝海湾,漂帆船,帆船挂着白船帆。
风吹船帆帆船走,船帆带着船向前。

孙伦打靶 en

孙伦打靶真叫准,半蹲射击特别神。
本是半路出家人,摸爬滚打练成神。

你也勤来我也勤 in

你也勤来我也勤,生产同心土变金。
工人农民亲兄弟,心心相印团结紧。

白云与羊群 ün

蓝天上是片片白云,草原上是银色的羊群。
近处看,这是羊群,那是白云;
远处看,分不清哪是白云,哪是羊群。

水连天 ian

天连水,水连天,水天一色望无边。
蓝蓝的天空似绿水,绿绿的水面如蓝天。
不知到底是天连水,还是水连天。

罐装蒜 uan

蒜装罐,蒜罐装蒜,蒜装蒜罐。
蒜罐装蒜蒜罐满,蒜装蒜罐满罐蒜。

磙和棍 uen

磙下压个棍,棍上压个磙。
磙压棍滚,棍滚磙滚。

画圆圈 üan

圆圈圆，圈圆圈，园园娟娟画圆圈。
娟娟画的圈连圈，园园画的圈套圈。
娟娟园园比圆圈，看看谁的圆圈圆。

红蜂黄蜂 ang、eng、uang

红蜂红，黄蜂黄。红蜂黄蜂打起仗。
红蜂强占黄蜂房，黄蜂强占红蜂房。
红蜂攻，黄蜂防。黄蜂攻，红蜂防。
红蜂黄蜂双阵亡。

放风筝 eng、ing

刮着大风放风筝，风吹风筝挣断绳。
风筝断绳风筝松，断绳风筝随风行。
风不停，筝不停，风停风筝自不行。

老翁卖酒 ueng

老翁卖酒老翁买，老翁买酒老翁卖。

浓雾 ong

浓浓雾，雾浓浓，浓浓灰雾飞入松。
灰雾入松松飞雾，灰雾雾凇分不清。

学游泳 iong

小涌勇敢学游泳，勇敢游泳是英雄。

敬母亲 ing

生身亲母亲，谨请您就寝。
请您心宁静，身心很要紧。
新星伴明月，银光澄清清。

尽是清静镜,警铃不要惊。
您请我进来,进来敬母亲。

4. 文学作品练习

《登高》杜甫

风急天高猿啸哀,渚清沙白鸟飞回。
无边落木萧萧下,不尽长江滚滚来。
万里悲秋常作客,百年多病独登台。
艰难苦恨繁霜鬓,潦倒新停浊酒杯。

《大风歌》刘邦

大风起兮云飞扬,
威加海内兮归故乡,
安得猛士兮守四方!

《自嘲》鲁迅

运交华盖欲何求,未敢翻身已碰头。
破帽遮颜过闹市,漏船载酒泛中流。
横眉冷对千夫指,俯首甘为孺子牛。
躲进小楼成一统,管他冬夏与春秋。

《假使我们不去打仗》田间

假使我们不去打仗,
　敌人用刺刀
　杀死了我们,
还要用手指着我们骨头说:
　　"看,
　这是奴隶!"

《囚歌》叶挺

为人进出的门紧锁着，
为狗爬出的洞敞开着，
一个声音高叫着：
爬出来吧，给你自由！
我渴望自由，
但我深深地知道——
人的身躯怎能从狗洞子里爬出！
我希望有一天，
地下的烈火，
将我连这活棺材一起烧掉，
我应该在烈火与热血中得到永生！

5. 贯口片段练习

《小孩子》

　　大宋朝文彦博，幼儿倒有灌穴浮球之智。司马文公，倒有破瓮救儿之谋。汉孔融，四岁让梨，懂得谦逊之礼。十三郎五岁朝天，唐刘晏七岁举翰林，汉黄香九岁温席奉亲。秦甘罗一十二岁身为宰相。吴周瑜七岁学文，九岁习武，一十三岁官拜水军都督，执掌六郡八十一州之兵权，施苦肉，献连环，祭东风，借雕翎，火烧战船，使曹操望风鼠窜，险些命丧江南。虽有卧龙、凤雏之相帮，那周瑜也算得上小孩子当中之魁首也。

《酒鬼》

　　想当初，杜康老祖造美酒，刘伶醉酒整三年。屈原饮酒，慨叹世人皆醉我独醒，济公长老酒肉穿肠过，佛祖心中留；八仙醉酒蓬莱，大闹东海龙宫，曹操青梅煮酒，论遍天下豪杰；关云长温酒斩华雄，苏东坡把酒问青天；鲁智深醉打山门，倒拔垂杨柳；武二郎拳打猛虎，大闹快活林；唐朝大诗人李白最爱饮酒，玄宗皇帝召进宫中封为太白学士。有渤海国进来蛮书蛮表，要与大唐兵戎相见，满朝文武无人能识，玄宗皇帝大惊失色。多亏李白酒醉上殿，叫高力士脱靴，杨贵妃研墨，这才醉草吓蛮书，保定大唐锦绣江山。杜甫有《饮中八仙歌》赞之曰："李白斗酒诗百篇，长安市上酒家眠。天子呼来不上船，自称臣是酒中仙。"

《莽撞人》

后汉三国，有一位莽撞人。自从桃园三结义以来，大哥，姓刘名备字玄德，家住大树楼桑；二弟，姓关名羽字云长，家住山西蒲州解梁县；三弟姓张名飞字翼德，家住涿州范阳郡；后续四弟，姓赵名云字子龙，家住真定府常山县，百战百胜，后称为常胜将军。只皆因，长坂坡前，一场鏖战，那赵云，单枪匹马，闯入曹营，砍倒大纛两杆，夺槊三条，马落陷坑，堪堪废命。曹孟德在山头之上见一穿白小将，白盔白甲白旗号，坐骑白龙马，手使亮银枪，实乃一员勇将。心想：我若收服此将，何愁大事不成！心中就有爱将之意，暗中命徐庶保护赵云，徐庶进得曹营，一语未发。今日一见赵将军马落陷坑、堪堪废命，口尊："丞相莫非有爱将之意？"曹操言道："正是。"徐庶言道："何不收留此将！"曹操急忙传令："令出山摇动，三军听分明，我要活赵云，不要死子龙。倘有一兵一将伤损赵将军之性命！八十三万人马，五十一员战将，与他一人抵命。"众将闻听，不敢前进，只有后退。赵云，一仗怀揣幼主；二仗常胜将军之特勇，杀了个七进七出，这才闯出重围。曹操一见这样勇将，焉能放走？在后面紧紧追赶！追至在当阳桥前，张飞赶到，高叫："四弟不必惊慌，某家在此，料也无妨！"让过赵云的人马。曹操赶到，不见赵云，只见一黑脸大汉，立于桥上。曹操忙问身边夏侯惇："这黑脸大汉，他是何人"？夏侯惇言道："他乃张飞，一'莽撞人'。"曹操闻听，呀！大吃一惊：想当初关公在白马坡斩颜良之时，曾对某家言道："他有一结拜三弟，姓张名飞，字翼德，在百万军中，能取上将之首级，如探囊取物，反掌观纹一般。今日一见，果然英勇。撤去某家青罗伞盖，观一观那莽撞人的武艺如何？"青罗伞盖撤下，只见张飞：豹头环眼、面如润铁、黑中透亮、亮中透黑、颏下扎里扎煞一部黑钢髯，犹如钢针、恰似铁线。头戴镇铁盔、二龙斗宝，朱缨飘洒，上嵌八宝——云、罗、伞、盖、花、罐、鱼、长。身披锁子大叶连环甲，内衬皂罗袍，足登虎头战靴，跨下马——万里烟云兽，手使丈八蛇矛，站在桥头之上，咬牙切齿，捶胸愤恨，大骂："曹操听真，呔！今有你家张三爷在此，尔或攻或战、或进或退、或争或斗；不攻不战、不进不退、不争不斗，尔乃匹夫之辈！"大喊一声，曹兵吓退；

大喊二声,顺水横流;大喊三声,把当阳桥喝断。后人有诗赞之曰:"长坂坡前救赵云,吓退曹操百万军,姓张名飞字翼德,万古流芳莽撞人!"

《装疯卖傻之人》

想当初,列国之中,有一位装疯卖傻之人。那时节,周室衰微,诸侯割据,齐、楚、燕、韩、赵、魏、秦七雄争霸,天下刀兵四起。云梦山水帘洞有一位鬼谷仙师王禅老祖,仙法神妙,道术高深。收下孙膑庞涓兄弟二人。那庞涓蝠耳鹰腮,隼面蛇行,外表忠厚而内藏奸诈,被鬼谷仙师赶下山去。孙膑留在高山之上陪伴师尊,看守桃园。那一日,来了白猿偷桃,为的是堂前孝母,孙膑念他孝顺之情,将仙桃赠予白猿,白猿感谢孙膑之恩,送予孙膑天书三卷,孙膑参透天书,修成大道。后有庞涓在魏国招为驸马,邀请孙膑下山共图大事。孙膑下得山来,哪知庞涓暗设毒计,将孙膑双膝剜去,骗孙膑写出兵法十三篇。多亏那孙膑装疯卖傻,日食泥土粪便,夜宿猪圈牛栏,整整三年,苦度光阴。多亏齐国大夫禽滑厘,用奇谋,施巧计,将孙膑救往齐国,齐王大喜,封孙膑为军师之职。孙膑执掌兵权,出征伐魏,将庞涓杀了一个瓦解冰消。这一日,那庞涓逃至马陵道前,见大树以上隐隐如有字迹,定睛观瞧,上写着"庞涓今日死于此树下"。庞涓大吃一惊,闪目望去,忽听远处一棒铜锣响亮,闪出一乘战车,车上端坐一人,正是孙膑。但见他头戴九龙道冠,身穿八卦仙衣,腰系水火丝绦,往脸上看,面如冠玉,目似流星,鼻直口阔,大耳垂轮,三缕墨髯胸前飘摆,说不尽的道骨仙风。孙膑一见庞涓,心中怒恼,晃动令旗,万箭齐发,将庞涓射死在马陵道前,报了深仇大恨,齐国声威大振,名震于诸侯。后来孙膑羽化而去,位列仙班,流传在人间有孙膑兵法一十三篇,那孙膑真称得上是古今中外第一装疯卖傻之人哪。

《没这人》

在想当初,东胜神洲,有一块灵石受了日精月华,化作一只石猴。这猴子,寻仙访道,拜师菩提老祖,老祖赐名孙悟空,授业于灵台方寸山斜月三星洞,学艺八年,习得七十二般变化,一个筋斗十万八千里,有通天彻地之能。那悟空,出师归山,在花果山水帘洞自号美猴王,闯龙宫、夺神针、下地府、打鬼判,将生死簿划个了一塌糊涂。后受玉帝两度招安，上得天庭，偷仙果、盗金丹，大闹蟠桃宴。那玉帝急令天兵天将把猴子擒拿，那悟空，施展手段，甩开一万三千八百斤神铁是力战群仙，战哪吒斗杨戬，拳打天王脚踢混元，直杀得五方揭谛、六丁六甲、二十八星宿是盔歪甲斜不敢近前。多亏如来佛祖赶到，将猴子镇在五行山下春秋五百载。那悟空，五百年后被三藏法师救出，从此保护唐僧西天取经。观音寺夺袈裟、碗子山斗黄袍，高老庄收八戒、流沙河降沙僧、三打白骨精、巧夺芭蕉扇、偷吃人参果、棒打蜘蛛精。降服了金角银角、圣婴大王、六耳猕猴、黄眉老佛、九元灵圣、百眼魔君。师徒一行走到那狮驼国狮驼岭，又遇狮王、象王、鹏王三妖。悟空，不敌那大鹏金翅雕，这才请出如来佛祖，降服妖魔。自混沌初分时，天开于子，地辟于丑，人生于寅，天地再交合，万物尽皆生。万物有走兽飞禽，走兽以麒麟为之长，飞禽以凤凰为之长。那凤凰又得交合之气，乃生大鹏。佛祖收得大鹏，归奔西天。师徒四人这才脱离劫难，行至西天雷音寺，取得真经。那悟空，被封为斗战胜佛，受人膜拜。后人有诗赞之曰：一从大地起风雷，便有精生白骨堆。僧是愚氓犹可训，妖为鬼蜮必成灾。金猴奋起千钧棒，玉宇澄清万里埃。今日欢呼孙大圣，只缘妖雾又重来。

第四节　喉部控制

教学目标：

了解喉的构造及工作原理；掌握喉部相对稳定与相对放松的控制技巧；结合训练有效拓展发声能力。

喉是人体的重要器官，更是声音的"发源地"。受自身生理条件的制约，人们的嗓音条件高低不同，因此科学的训练能够使发声能力得到相应提高。喉部控制作为发声训练的重要内容，除了需要了解喉部的生理构造、活动状态和相应控制技巧外，更要注意与气息控制、口腔控制的协同配合，并在训练中进行自我纠正，改掉不良的用声方式和发声习惯。

一、喉部控制的重要性

人体中,介于咽和气管之间的部分称为喉,它是发声系统中最具代表性的器官。如果说气息是人类发声的动力源,口腔和共鸣器官是调音区,那么喉部就是发声的声源区。喉部的构造决定了一个人的声音特征,但发出的声音是否好听,除去喉部构造的先天条件外,发声方法的正确与否也是非常重要的。因此,播音员、主持人要重视发声过程中对喉部的支配与控制,提高声音的质量和美感,使嗓音更持久、更自如。

二、喉部的构造

喉由软骨支架、肌肉、韧带和纤维组织膜等构成。它位于颈的中前部,成年男性的喉在相当于第五颈椎平面的高度,成年女性和儿童的喉稍高。喉是呼吸时气流必经之处,声带是喉的一部分。

1. 喉的软骨支架

喉的软骨支架由11块软骨借助于韧带、肌肉等组织连接而成,如图3-3所示。其中,有4块对发声具有直接意义,它们分别是:

喉软骨
(1) 甲状软骨
　　前角
　　喉结
　　上切迹
　　上角
　　下角
(2) 环状软骨
　　环状软骨弓
　　环状软骨板
(3) 会厌软骨
　　会厌
(4) 杓状软骨
　　声带突
　　肌突

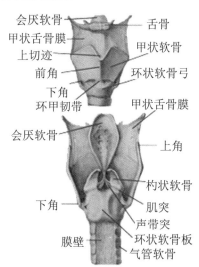

图3-3　喉的软骨支架图

(1) 甲状软骨。喉软骨中最大的一块，它在环状软骨之上，喉支架的中部，呈盾甲状，两侧对称。甲状软骨正前方是一个骨角，其角度男女各有不同，一般来说，成年男性为50～90度，交角最高处我们称之为"喉结"，而女性则为120度左右，过渡平滑，因此从外部看上去，男性的喉部是有"喉结"突出的，而女性则不明显。

(2) 环状软骨。喉的基础软骨，它前窄后宽，紧接气管上端。环状软骨是形成喉腔的"基座"，对喉的畅通有重要作用。

(3) 会厌软骨。呈树叶状，富有弹性，位于甲状软骨上部，喉的入口处。会厌软骨的主要功能是在吞咽食物时关闭喉通道，防止食物进入气管。

(4) 杓状软骨。位于喉的后部，左右对称各一块，形状近三面椎体。它底部的前角为声带突。杓状软骨的运动可以调整声带的松紧和声门的开闭。

2. 喉部肌肉

喉部肌肉包括环甲肌、甲杓肌、环杓后肌、环杓侧肌和杓肌，它们分别负责声门的开合与松紧。

3. 声带

声带是喉的一部分，位于喉腔的内部，在甲状软骨的后下方，呈瓷白色，且两侧对称，如图3-4所示。男性和女性的声带是各有不同的，故发出的声音特质也不同。一般而言，成年男性的声带长度在1.8～2.4cm，偏厚，因此声音偏低；而成年女性的声带则比男性短，一般在1.4～1.8cm，偏薄，因此声音偏高。通常我们说一个人说话的声音很干净，那便是声带闭合完好的结果；若声带闭合不好，就会出现声音暗哑的现象。

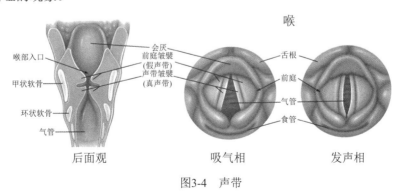

图3-4　声带

4. 声门

声门是介于两条声带之间的裂隙,这是喉腔中最狭窄的部位。声门的开度主要取决于杓状软骨的运动以及声门开合肌与关闭肌的相互配合,如图3-5所示。

不同状态下的声门开闭情况

正常呼吸　深呼吸　假声说话　正常说话　声带闭合

图3-5　声门

三、发声机理

发声时由于气息在由下向上的定向输送过程中冲击了声带,使声带产生了"开→闭→开→闭"的周而复始、连续高速的运动,致使空气形成了"疏→密→疏→密"的变化,从而形成了声波。声波通过声道共鸣的放大、美化与节制,便形成了声音。

四、喉部控制要领

说起控制,多数人会想到通过肌肉的紧张用力来控制所需部位。然而对于喉部控制的学习,我们却应明确:不只有紧张才是控制,喉部的适当放松也是一种控制。播音发声时,我们的两条声带并不是紧密闭合,而是轻松靠拢的。从感觉上来说,此时的喉部处于一种相对放松的状态。因此,喉部肌肉才能够自如灵活地运动,也才能较好地和由肺部呼出的气流协同配合,完成发音过程、发出悦耳的声音。

关于喉部控制的把握,我们可从两方面来进行:一是喉部的相对稳定;二是喉部的相对放松。

(一) 喉部的相对稳定

发声时,喉部应保持相对固定,因为提喉发声会使声音发紧,有"挤"出来的感觉;而压喉发声则会使声音听起来很"空",影响到吐字的清晰度。因此,我们发声时应注意给喉部施加一个反向控制的牵引力,以保持喉部的相对稳定,并找到自己合适的用声位置,使发出的声音通畅、自然、宽窄适度。

具体可通过以下方法来体会:

(1) 吞咽口水,感受喉头的上下移动,之后再有意识地提起、降下喉头,反复进行,并灵活控制。

(2) 对着镜子或用手摸着喉头,打开口腔保持发"a"音的状态,同时设想听到或看到一个令人惊喜、惊讶或震惊的事情,但是发不出声来。这时便可感受到喉部在一提一放的紧张和松弛变化中所形成的喉头上下位移。

(3) 调动情绪,保持积极的心态和口腔的静态控制,并呈发"a"音的口腔状态。用手弹击喉头,通过听觉来感受喉腔的"空旷"感,然后再放松口腔与喉腔,弹击喉头判断声音的"闷、暗",以此来体会发音时喉部应保持的控制状态。

(4) 发音时舌位的高低前后及口腔开度的大小变化都会连带着喉头上下移动,我们可利用一些音节在发音时的舌位和开口度等特点来训练喉头的上下控制力。例如,发a、o、e、i、u、ü的延长音,体会喉头上下移动的位移感。

(5) 利用舌位高低前后、开口度大小的变化,由一个元音的延长音直接过渡到另一个元音的延长音,以此来体会和控制喉头的上下移动,并保持喉头在发音时的稳定。

a—i   a—ü   u—i   u—ü   a—e   i—o   ü—o   a—o

(二) 喉部的相对放松

喉部压力越大,声音就越暗淡,这是由发音时声带紧密闭合的状态而造成的。播音发声时,两条声带不是紧密闭合,而是轻松靠拢的。因此,喉部的放松控制可用"吸气状态发音"的感觉来体会。人在吸气时,声带是自然轻松张开的,而发声时,虽然声带不是张开的,但也可以寻找吸气时声带轻松张开的感觉进行发音,这样声带就能呈轻松靠拢状。所发出的声音,也就是虚实结合、音色柔和的自然声音。

具体可用以下练习来体会:

(1) 半打哈欠,提上腭,保持口腔静态控制,用嘴吸气,体会气流通过口腔到达声带的感觉,此时声带自然张开,紧接着,发带有气声较多的"a"的延长音,感受声带放松时发声的感觉。

(2) a元音"气泡"练习。通过调整气息,使喉部"吹"出气泡一样的声音。半打哈欠,提上腭,使口腔保持静态控制,再用发"a"的状态发气泡音,声带的闭合状态要保持始终如一，气息和气泡的弹发时间要均匀，大小要一样。如果喉部紧张，气泡音是发不出来的。只有两条声带轻微闭合，再以少量的气息振动声带，发出的声音才能像从口腔里跑出的一个个小气泡：a……a……a……a……

（3）单元音"气泡"训练。状态积极、情绪饱满，在口腔保持静态控制的前提下通过唇舌变化发出6个单元音，以此进行气泡音训练：a……o……e……i……u……ü……

（4）调动情绪，设计"无奈""惊讶""疑惑""不屑""不解"等语气，发带有"a、ya、ou、ai"等音节的词语，并在"后音前发"的基础上体会喉部放松的感觉……

我牙疼啊！谁又吐了？去欧洲？又懊恼了？是红的还是黄的？嗨！真是太强了！……

调动情绪，设计"真诚""惊喜""热情""诚恳""赞扬""感伤"等语气，发带有"i、ü"等音节的词语，并在"窄音宽发"的基础上体会喉部放松的感觉……

一定要一心一意！有件雨衣！女士请！一起去吧！他是一个非常细心的人！好凄凉啊！……

（5）结合声调训练，拉长字腹，体会不同声调发音时喉部的控制状态，并在慢发的过程中及时纠正不正确的发声状态；第二遍恢复正常速度，注意调值到位。

阴平：资、坚、鲜、工、飘、高、新
　　　兴、欢、编、宣、江、胸、加
　　　欧洲、刊登、乡村、潇湘、装帧、悠悠、叮咚

阳平：国、联、革、南、群、承、绳
　　　农、平、狂、节、滑、容、澄
　　　湖南、联合、石油、滑行、全国、皮鞋、直达

上声：广、指、统、许、展、北、敏
　　　每、纺、转、抢、领、整、产
　　　很好、瓦解、考古、享有、鼓掌、领导、友好

去声：自、化、措、特、戒、错、报
　　　电、到、会、上、调、地、慰
　　　庆贺、利器、大厦、创办、相貌、浪费、岁月

（6）结合古诗词训练，体会在相同音高、音强上，拉开字腹、喉部放松的状态。

并注意以情运气,以情带声。

《赴戍登程口占示家人》林则徐

力微任重久神疲,再竭衰庸定不支。
苟利国家生死以,岂因祸福避趋之?
谪居正是君恩厚,养拙刚于戍卒宜。
戏与山妻谈故事,试吟断送老头皮。

《浪淘沙·往事只堪哀》李煜

往事只堪哀,对景难排。秋风庭院藓侵阶。一任珠帘闲不卷,终日谁来。
金锁已沉埋,壮气蒿莱。晚凉天净月华开。想得玉楼瑶殿影,空照秦淮。

《把酒问月·故人贾淳令予问之》李白

青天有月来几时?我今停杯一问之。
人攀明月不可得,月行却与人相随。
皎如飞镜临丹阙,绿烟灭尽清辉发。
但见宵从海上来,宁知晓向云间没。
白兔捣药秋复春,嫦娥孤栖与谁邻?
今人不见古时月,今月曾经照古人。
古人今人若流水,共看明月皆如此。
唯愿当歌对酒时,月光长照金樽里。

《水调歌头》苏轼

明月几时有?把酒问青天。不知天上宫阙,今夕是何年?我欲乘风归去,又恐琼楼玉宇,高处不胜寒。起舞弄清影,何似在人间。

转朱阁,低绮户,照无眠。不应有恨,何事长向别时圆?人有悲欢离合,月有阴晴圆缺,此事古难全。但愿人长久,千里共婵娟。

(三) 喉部控制与呼吸控制、口腔控制的配合

在发声过程中,喉部控制是不能脱离呼吸控制和口腔控制的配合而单独进行

的，三者只有协调配合，才能发出高质量的声音。可将三者配合控制的感觉概括为"两头紧、中间松"。这里的"两头"，下头指的是气息控制，上头指的是口腔控制；中间则指的是喉部控制。发声时三者紧密配合的目的就是为了得到喉部相对放松的发声状态。

具体可通过以下练习加以体会：

(1) 弹发元音i和a，在交替弹发中，体会喉部的放松状态，以及口腔和气息控制的配合。

(2) 数数，弹发"1、2、3、4、5、6、7、8、9、10；10、9、8、7、6、5、4、3、2、1"。声音逐渐由弱到强，再由强到弱，气息保持平稳，口腔状态积极，体会喉部从头至尾的相对松弛状态。

(四) 把握好基本音色

播音发声的基本音色是以实声为主、虚实结合的，所以声音要有一定的亮度。但需要注意的是，声音并不是越亮越实就越好。在不同需求下，声音的虚、实、明、暗是根据声带的不同状态而产生的，若声音中的某一种状态过分使用，就容易造成声带的损伤。所以掌握好以实声为主、虚实结合的基本音色就能使声音明暗有度、有张有弛、亲切柔和，并有效保护声带。

(五) 养成良好的用声习惯

良好的用声习惯，除了指喉部发声的习惯以外，也应包括我们发声时的姿态和动作习惯。一般来说，正确的发声姿态应是头摆正，眼睛平视前方，下颌微收，两肩自然下垂，胸部放松，腰背挺直。

五、发声能力拓展训练

(一) 扩展音域

音域，指的是音高的变化范围。

1. 螺旋音练习

从个人自如声区的低音区开始，发a或i，层层上绕，气息要托住，小腹收紧，后腰撑起，到自如声区的高音区保持，之后层层下绕，气息拉住，直至回到低音区，甚至气泡音，循序渐进，周而复始。做这组练习时，除了要注意气息状态外，还要注意发音时喉部的松弛和相对稳定。

2. 阶梯式升高、降低练习

从个人的自如声区的低音区开始，发"hei……hei……hei……"，气息托住，小腹收紧、后腰撑起，由低音区逐渐向高音区过渡，到达高音区之后保持，但不要喊叫，之后逐渐降回低音区。

3. 综合练习

结合练习内容，有感情并有音高变化地进行练习。

《鹿柴》王维

空山不见人，但闻人语响。
返景入深林，复照青苔上。

《渡荆门送别》李白

渡远荆门外，来从楚国游。
山随平野尽，江入大荒流。
月下飞天镜，云生结海楼。
仍怜故乡水，万里送行舟。

《将进酒》李白

君不见，黄河之水天上来，奔流到海不复回。
君不见，高堂明镜悲白发，朝如青丝暮成雪。
人生得意须尽欢，莫使金樽空对月。
天生我材必有用，千金散尽还复来。
烹羊宰牛且为乐，会须一饮三百杯。
岑夫子，丹丘生，将进酒，杯莫停。
与君歌一曲，请君为我倾耳听。

钟鼓馔玉不足贵，但愿长醉不复醒。
古来圣贤皆寂寞，惟有饮者留其名。
陈王昔时宴平乐，斗酒十千恣欢谑。
主人何为言少钱，径须沽取对君酌。
五花马，千金裘，
呼儿将出换美酒，与尔同销万古愁。

《生命的意义在于奉献》佚名

如果你是一棵大树，就撒下一片阴凉；如果你是一泓清泉，就滋润一方土地；如果你是一棵小草，就增添一份绿意。如果你是一颗星星，就点缀一角夜空。如果你是一片白云，就装扮一方晴空。如果你是一只蜜蜂，就酿造一份甜蜜；如果你是一缕阳光，就照亮所有黑暗。如果你是一丝清风，就吹走世间的尘埃。如果你是一阵春风，就吹绿田野的庄稼。是啊，生命的意义就在于奉献。

《幸福》佚名

幸福是"临行密密缝，意恐迟迟归"的牵挂；幸福是"春种一粒粟，秋收万颗子"的收获。幸福是"采菊东篱下，悠然见南山"的闲适；幸福是"奇闻共欣赏，疑义相与析"的愉悦。幸福是"随风潜入夜，润物细无声"的奉献；幸福是"夜来风雨声，花落知多少"的恬淡。幸福是"零落成泥碾作尘，只有香如故"的圣洁。幸福是"壮志饥餐胡虏肉，笑谈渴饮匈奴血"的豪壮。幸福是"先天下之忧而忧，后天下之乐而乐"的胸怀。幸福是"人生自古谁无死，留取丹心照汗青"的气节。

(二) 调节声音响度

声音响度的变化主要取决于气息压力的大小，二者是成正比的，另外声音响度还和共鸣及声带的作用有关系。在练习过程中应注意：第一，音量和音高不一定成正比，可尝试做小音量高音练习和大音量低音练习；第二，音量和吐字力度不一定成正比，当音量减小时，应适当增强咬字力度，以使音色保持一致。

具体可通过以下练习来体会：

(1) 口令练习，从"1、2、3、4、5、6、7、8"喊到"8、2、3、4、5、6、7、

8"。可通过设想听众人数变化的方法来变化音量,如一对一、一对十、一对百等。注意随着人数的增加,保持对于对象感、气息、口腔的控制,并有效运用共鸣辅助发声。

(2) 通过假想距离的变化做音量变化练习。假想你的好朋友在离你一段距离的山上,从10米、20米到30米等逐渐增加,距离越远,音量越大,并注意在喊名字的同时拉开字腹,控制口腔和气息的状态(建议:可以用"妈妈""阿毛""爸爸"等开口度较大的词汇练习)。

(3) 以下成语每个读两遍,以相同音高不同音量进行对比练习。

来龙去脉、目瞪口呆、胸无点墨、头重脚轻、手足情深、来日方长
眼疾手快、耳闻目睹、头破血流、眉清目秀、袖手旁观、口出不逊
前呼后拥、东倒西歪、眼高手低、口是心非、兴高采烈、有头无尾
东逃西散、南辕北辙、左顾右盼、积少成多、同甘共苦、半信半疑
先人后己、有口无心、天经地义、弄假成真、举足轻重、南腔北调
转危为安、东倒西歪、反败为胜、以少胜多、由此及彼、大材小用

(三) 喉部控制拓展练习——不同稿件样式训练

1. 贯口

京剧《挡马》

我是(数板)我是柳叶镇上一店家,招徕客人度生涯。南来的,北往的,说的都是番邦话。虽是虎狼之威不可怕,也只得假献殷勤伺候他。都只为,身在番邦心在家,无有腰牌把南朝下,眼前虽有千坛酒,心中仇恨难浇下。

(诗)流落番邦有几秋,思念家乡终日愁。有朝一日南朝转,杀尽胡儿方罢休。

(白)在下,焦光普,想当年随同杨家八虎,大闹幽州,咳!不幸被胡儿所擒,将我绑在泥鳅殿前就要问斩,是我心生一计,站在殿前大笑三声。那萧后言道:"临死的孩子为何发笑哇?"是我言道:"大丈夫生而何患,死而何惧,可惜我一双好手!"那萧后又言道:"好手要他有何用啊?"我说:"好手好手,能造香醇美酒。"那萧后喜欢南朝美酒,闻听此言脸露笑容说:"孩子们,赏他五十两银子,叫他在柳叶镇上开一酒店。"咳!是我久想逃回南朝,怎奈一无腰牌,二无路凭,好不愁闷人也……

2. 纪录片文稿

《颐和园》选段

公元1764年，清乾隆二十九年夏季，一场大雨中，荷花摇曳，湖光潋滟，山色空蒙。其实，这并不是常见的江南景色，而是北京西北郊的清漪园雨景。

清漪园的建成，让这一年的雨水也有了与以往不同的意义。西山玉泉山上的雨水和泉水，汇集成溪流，顺着纵横交错的水渠流到山下，灌溉着大片的水田。这里种植的稻米香糯可口，成为皇家专用的贡品。水流通过玉河，注入清漪园的昆明湖，面积达三千三百余亩的昆明湖，实际上成了位于京西的人工水库。就在清漪园建成的同时，新增的万泉庄水系也完工了。自此，以清漪园为枢纽的北京西北郊五座皇家园林之中的四座，都由水路连接起来。京郊的这个水利系统，提供了周边农田和园林用水。从昆明湖通向护城河的长河，则让清漪园和紫禁城一脉相连。当年，从紫禁城前往清漪园有两条道路。陆路是出西直门经圆明园向西，由清漪园大宫门进入园内。和陆路相比，走水路去清漪园更加快捷而且有趣。皇帝的龙舟从西直门外的倚虹堂码头出发，沿着长河行进大约九公里可到达清漪园。今天的北京城依然保留着乾隆时期的这条水道。水道大部分狭窄而弯曲，最窄的地方仅容一船通过。在水道的尽头，一座拱桥映入眼帘，它就是清漪园的水上门户——绣漪桥。穿过绣漪桥，眼前豁然开朗，展现出昆明湖开阔的湖面。正是山重水复疑无路，柳暗花明又一村。放眼前方，就看到了十七孔桥白色的桥身。它连接着昆明湖上的南湖岛。透过十七孔桥的桥孔，可以看到湖东岸的一道石堤，蜿蜒到远处的城关。龙船穿过十七孔桥，向西掠过南湖岛之后，昆明湖和万寿山的全景就像一幅展开的画卷，呈现在眼前，湖光山色一览无余。至此清漪园山水一体的完整面貌才尽收眼底。一路走来峰回路转，令人目不暇接的视觉效果，来自于古典园林艺术中先抑后扬、步移景换的设计理念。

3. 晚会主持文稿

《开场白与串联词练习》
中央电视台春节联欢晚会开场白

主持人：朱军 董卿 张泽群 周涛 李咏 朱迅

朱：中国中央电视台，

周：中国中央电视台，

李：亲爱的观众朋友们，大家——

合：过年好！

董：一句回家了，道出多少儿女归心似箭的心情，

张：一声到家了，说出了多少家庭幸福团圆的亲情。

朱：今夜是除夕，我们在北京，在中国中央电视台春节联欢晚会的现场，和您一起快乐守岁、共度良宵。

董：在这中华民族最重要的传统节日里，我们要向全国各族人民，向港澳同胞、台湾同胞、海外侨胞恭贺新春，

周：今晚在这里，我们还要向中国人民解放军指战员、武警官兵、公安民警以及所有在节日期间依然坚守在工作岗位上的人们致以新春的问候。在新年即将到来之际，我们提前给大家——

合：拜年了！

串联词练习

(1) 张国立：听了这首歌，心像被揪了一下，让我想起了自己的父母，也想起了我自己两鬓泛出的白发。刚才大屏幕上这个女孩儿叫大萌子，她的父亲用每年拍一张照片的方式记录了时间的流逝，把自己从一个年轻的小伙子拍成了一个两鬓斑白的老人。大萌子无意间将照片传到了网上，立刻引起了众多人的参与和热议。为什么大家会这么关注这些照片呢？我想，每个人看到这照片的时候都会想问自己，时间都去哪儿了呀？我们忙忙碌碌中不经意就忽略了自己身边已经是满头白发的最亲爱的爸妈。老话儿说得好，七十有个家、八十有个妈。有他们在，咱们才是最幸福的孩子；有我们在，他们才能拥有最幸福的笑容。

今儿是大年三十儿，是团圆的日子。我想很多家的年夜饭还没散呢，如果你现在就在爸爸妈妈身边，敬他们一杯酒吧！为自己，也为那些因工作而不能回家和爸妈团聚的孩子们喝了这杯酒，留住这温暖幸福的时刻。

(2) 董卿：谢谢，谢谢各位的演唱。朋友们，中华民族五千年的灿烂文明，是在一代代人的新旧梦想交替传承中书写而成的。从古代嫦娥奔月的传说到今天真正实现嫦娥探月彰显国家实力，从千百年前大漠深处的驼铃声声到今天翻开新一页的丝绸之路经济带，中华民族正以她独有的绰约风姿在重新构建着一个东方大国的文明

形象。新的一年马上就要到来了，就让我们共同为中华祈福吧，祝愿美丽的中国继续铸梦翱翔，祝愿中华的血脉，生生不息，代代传扬。

第五节 共鸣控制

教学目标：

了解共鸣器官及其作用；掌握以口腔共鸣为主，胸腔共鸣为基础，微量鼻腔共鸣为后备的声道共鸣方式，并灵活运用共鸣扩大、美化声音。

声带的振动，会引发一系列连锁反应，会使与它邻近的器官或器官内部的空间产生一定的音响效果，这便是共鸣。共鸣在播音主持发声过程中扮演着非常重要的角色，它起着拓宽音域、扩大音量、美化音色、提高发声质量的作用。因此，它也被形象地比作主持人的"天然麦克风"。

由于共鸣的调节与呼吸、口腔、喉部等发声环节是有机配合、协同运作的，所以对共鸣控制的训练不应孤立展开，而是要结合播音主持发声的各个环节来综合考量。同学们应在学习过程中注意根据自身特点进行有针对性的训练，在理论的指导下，结合实践对共鸣器官进行开发和运用，以有效改善自己的音色。

一、共鸣器官及其作用

由声带振动所发出的喉原音本身是很微弱的，只有经过共鸣后才会得到扩大和美化，形成不同的声音色彩。尽管人们的发音器官是先天形成的，但共鸣的调节却是可以经过后天训练而得到改善的。那么共鸣器官到底由哪些部位组成呢？

(一) 共鸣器官

人类发声的共鸣器官由下至上包括了胸腔、气管、喉腔、咽腔、口腔和鼻腔，这是较为粗略的划分。在人体中也有着其他一些可以引发共鸣，但作用相对较小的腔体，如统称为头腔的头部空腔。

在播音主持工作中,我们主要使用到的共鸣是口腔、鼻腔和胸腔共鸣。下面我们就对这几个共鸣腔体进行简要介绍。

1. 口腔

口腔是一个多功能的器官,它既是共鸣器官,又是咬字器官,甚至也是消化器官和呼吸器官的组成部分。在口腔的活动中,双唇可以完成开合、圆展运动;齿和颌的开合可以使口腔内部的空间容积增大或缩小;双颊的伸展与放松、外扩与内收可以使口腔内部结构形态产生变化;而软腭的抬高与放低、舌位的高低前后变化也可以影响口腔内空间形态和体积的变化。由此可以看出,口腔的生理运动调节对于口腔共鸣的形成和音色的明暗变化是具有重要制约作用的。

2. 鼻腔

鼻腔是一个外部被骨骼包裹着的完整的中空腔体,它的内部被肌肉和黏膜组织覆盖,腔体中间储有空气。它的前方与鼻孔连通延伸至体外,后部经鼻咽腔通往口腔,与发声通道相互衔接。鼻腔较之其他共鸣器官的结构特点是,它有一个容积较大的固定腔体,且腔体的形状和体积是不能改变的。

在发声中,少量的鼻腔共鸣可以增加音色的明亮度,但若过多使用则又会出现鼻音较重的现象,影响到发音的清晰度。因此,鼻腔共鸣的使用应当适度。

3. 胸腔

胸腔由胸廓与膈肌围成,是人体内最大的共鸣腔体。胸腔共鸣腔体属于"低音共鸣区",合理地使用可以使声音浑厚、有力、结实。没有胸腔共鸣,或者胸腔共鸣用不上,声音听上去便会显得窄、细、单薄,甚至发虚、轻飘。因此,胸腔共鸣对于声音的洪亮、稳定是非常重要的。

(二) 播音主持艺术发声共鸣的作用及特点

1. 共鸣的作用

简单地说,共鸣主要起到的是扩大音量、美化声音的作用。

2. 共鸣的特点

播音主持发声的共鸣是以口腔共鸣为主、胸腔共鸣为基础、微量的鼻腔共鸣为后备的声道共鸣方式。为了满足日常播音主持工作的需求,我们必须拥有一个稳定的共鸣状态,这种状态也可称之为"声挂前腭",即声束沿着上腭中纵线前行,向硬腭前部流动冲击，从而形成声音"挂"在硬腭穹窿上的感觉，以使声音明亮、集中、有力。具体来看：

(1) 口腔共鸣。播音主持共鸣对声音的美化，是在保证字音清晰条件下进行的，所以吐字是共鸣调节的前提。口腔是吐字的主要器官，也是播音主持发声的主要共鸣器官，因此口腔共鸣的运用，会直接作用于字音的清晰度。我们应注意通过唇齿贴近来提高声音明亮度，通过嘴角微微上抬来消除消极音色，并在唇舌积极活动中结合口腔上部"提、打、挺"的动作，以整体改善口腔共鸣状态。

(2) 胸腔共鸣。一般来说，胸腔共鸣丰富的声音能使听者感到踏实稳重，并有效增加人们的信任感，提升语言表现力。

胸腔共鸣的产生与喉部的适当放松有很大关系，因为其是较低的共鸣音色，所以发声时适当降低音高、加大音量并将发音位置略微调整靠后，有助于获得、增加和体会到明显的胸腔共鸣。反之，若声带过紧、声音过高，胸腔共鸣则会相应减少。

(3) 鼻腔共鸣。播音员、主持人运用微量鼻腔共鸣可以有效美化声音。但需注意的是，鼻腔共鸣不能过多，否则容易造成令人不适的鼻音色彩或类似感冒时鼻腔通道阻塞时的发音听感。

鼻腔共鸣的阀门是软腭。发音时软腭抬起与后咽壁接触，阻塞鼻腔通道，鼻音就会消失。若软腭下垂幅度大，进入鼻腔的气流就会增多，鼻音也就强烈。

综上，只要我们在进行共鸣控制训练时，合理控制和调节各部分共鸣在声音中所占有的比例，就能达到既扩大音量，又美化声音的目的。

(三) 常见的共鸣问题及解决方法

每个人的声音都有各自不同的特质及相应的共鸣特点。要改善自己的音质，首先应纠正生活中对声音的错误认知，并科学认识发声过程；其次要对自己的声音有一个正确的判断，既要发现自己声音的特点，也要正视声音中存在的不足，并根据存在的问题，采取适当的方法进行改进。

1. 增加声音厚度

如果发声的音色较为单薄，常见的原因可能有以下几点：

(1) 与发声人共鸣腔的大小有关。共鸣效果与共鸣腔的大小有关，而人体共鸣腔的大小又与人的身体形态有关。相对来说,个子小的人身体共鸣腔体较小,而个子高大的人共鸣腔体较大。

(2) 说话声音高容易造成声音单薄,适当降低音高,多使用口腔及胸腔共鸣,声音会变得相对宽厚。

(3) 发声时,喉部过于紧张容易扼住声音通道,减少胸腔共鸣。适当放松喉部发声可以使声音变得宽厚一些。

(4) 发声时口腔前部狭窄容易使声音单薄,可通过发元音时有意识将舌位适当后移以增加口腔前部空间来改善。

(5) 发声时,气息吸得深一些,能有效增加肺部容积,使声音变得宽厚些。

2. 增加声音圆润度

有的人发声时声音发扁,听起来不舒服,原因可能来自如下几个方面:

(1) 口腔打不开。说话时必须保持口腔的适当纵向开度,否则,声音容易发扁。

(2) 圆唇音发不好。圆唇音o、u、ü发音时唇形不够圆,也会影响共鸣音色。

3. 增加声音明亮度

有的人发声时声音沉闷,发音含混,声音中带有明显的u音色彩,这种问题往往与唇形有关。

(1) 生理唇形不好,如双唇前突。发音时可以使唇齿贴近以减少u音的色彩,增加声音的明亮度。

(2) 双唇过于用力,导致唇形突出。发声时,片面理解圆唇音的撮口动作,过分追求动作力度和唇形圆度,会使发音动作表现过度,导致声音不够明亮。可通过发圆唇音时双唇适当贴近牙齿,减少双唇突出,来增加圆唇音及声音的整体明亮度。

4. 减少鼻音

发声时鼻音过重可能受以下因素影响:

(1) 软腭较短,造成生理性腭咽闭合不全。在这种情况下,常不能正常关闭鼻腔通道,发元音时都会带上鼻音色彩。

(2) 发音懒散,软腭过于松弛,闭合不好。可以用积极的精神状态唤醒软腭的活动,也可以使用挺软腭的方法增加软腭的活动力度。

(3) 过分追求鼻腔共鸣。

(4) 发音时舌位过于偏后，导致舌位后的腔体变小，更容易将气流挤入鼻腔，产生鼻音。所以要注意发音时舌位的适当位置，不要往后压。

(5) 鼻韵母音节的元音鼻化。发音过程中会有大量的鼻韵母音节，若归韵动作过早，会使鼻韵母音节中的元音鼻化，导致鼻音色彩过重。

5. 增加声音集中度

有些人发声时声音不集中，缺少亮音，吐字松散，原因可能来自如下几点。

(1) 口腔整体状态较松散，字音不清晰。对于声音不集中的情况，首先要分析是否因吐字问题所引起。如果存在吐字清晰度的问题，应首先加强吐字练习。

(2) 鼻腔共鸣少，声音中缺少明亮音色。鼻腔共鸣过少会使声音干瘪、松散。改善时可先加大鼻韵母音节的鼻腔共鸣强度，也可视情况适当加强非鼻韵母音节中元音的鼻化程度。

(3) 发声时声门闭合不好，使音色过虚。若以虚声音色为主，语流中没有实声音色作为补充和调节，就会减弱语流中声音的明亮度，导致声音松散。在训练中，应根据表达需要而灵活使用各种音色，不要过度使用虚声等单一音色。

6. 减少嗲声色彩

嗲声是一种缺乏成熟感的声音，在年轻女孩中较为常见。心理因素对嗲声的形成有重要影响，发音部位靠前、用声过高、用声较虚等发声习惯也容易形成嗲声。

7. 减少声音压抑感

压抑的低音在年轻的男生中较为常见。这种声音往往是故意制造的低声，与放松的自然浑厚声音有着明显不同。这种声音的形成也与心理因素有关，压抑的声音往往是发音部位靠后、喉部刻意憋挤、声音使用过低造成的。

二、共鸣控制的训练

在"声挂前腭"的状态下，播音员、主持人可根据具体的节目形式、播出内容和节目对象来调节各部分共鸣的比例以得到需要的音色。值得说明的是，虽然三种共鸣比例的人为划分并不难，但任何人都无法绝对准确地，或是以量化的标准来控制发声时的共鸣比例。声音的使用者只有通过理论学习，并在其指导下经过长期琢磨和练习，才能做到对共鸣腔体的自如运用，并依据具体稿件和场景的要求来使用共鸣。

一般而言,播音工作所需要的音域不会超过两个八度,音量要求较之声乐艺术而言也是比较小的。这也就决定了播音主持专业的共鸣训练应以口腔、胸腔和鼻腔为主。

在具体训练过程中,虽然共鸣器官看不见摸不着,但我们仍能通过一些手段来具体体会共鸣器官的工作。

开始练习时身体应放松,并体会从腰椎到颈椎是一条直线的感觉,下颌微收,眼睛平视前方,保持正确的呼吸状态。此时感觉身体里有一根畅通的管道,声音和气息会经过这根管道从口腔或鼻腔送出体外。

在训练中,可结合一定的情景,比如草原、海洋、大陆等,并保持心境舒畅,强度不超过自己的用声范围,循序渐进。

尽管播音发声与歌唱发声的共鸣方式有着明显区别,但我们还是可以借鉴一些声乐共鸣的训练方法来体会播音发声的共鸣。

(一) 绕音训练

状态积极地发单元音a或i的绕音,注意保持发声通道顺畅,想象声音行走在规则的盘山公路上。由上往下或由下往上,最高处和最低处都需要托稳收住,喉部保持放松状态。

(二) 胸腔共鸣练习

1. 开口音练习

以开口音作为训练载体,较容易体会胸腔共鸣的感觉,我们可利用开口去声音节来练习。

亚、爸、炮、冒、大、跳、那、烙、告、靠、爱

耗、叫、翘、笑、诈、骂、哨、绕、在、菜、赛

2. 夸张的上声练习

北、跑、美、匪、歹、讨、馁、老、给、瓦、好

脚、巧、小、窄、吵、傻、扰、早、采、嫂、角

3. 双音节练习

暗淡、反叛、散漫、武汉、吵闹、到达、白发

出嫁、开采、拍卖、报告、号召、抛锚、刷牙

4. 古诗练习

《悯农》李绅

锄禾日当午，汗滴禾下土。
谁知盘中餐，粒粒皆辛苦。

《小池》杨万里

泉眼无声惜细流，树荫照水爱晴柔。
小荷才露尖尖角，早有蜻蜓立上头。

《过零丁洋》文天祥

辛苦遭逢起一经，干戈寥落四周星。
山河破碎风飘絮，身世浮沉雨打萍。
惶恐滩头说惶恐，零丁洋里叹零丁。
人生自古谁无死？留取丹心照汗青。

《永遇乐·京口北固亭怀古》辛弃疾

千古江山，英雄无觅，孙仲谋处。舞榭歌台，风流总被，雨打风吹去。斜阳草树，寻常巷陌，人道寄奴曾住。想当年，金戈铁马，气吞万里如虎。

元嘉草草，封狼居胥，赢得仓皇北顾。四十三年，望中犹记，烽火扬州路。可堪回首，佛狸祠下，一片神鸦社鼓。凭谁问：廉颇老矣，尚能饭否？

(三) 口腔共鸣练习

1. 六个单元音发音转换练习(一口气完成，中途不换气)

a---i---o---u---e---ü---

注意：元音转换要在保持呼吸平稳的状态下做到共鸣状态的统一、稳定。

2. 词语练习

澎湃、冰雹、碰壁、玻璃、蓬勃、喷泉、批判、拍打
乌鸦、花絮、快乐、吹捧、汪洋、宣纸、捐助、辽远

逍遥、缥缈、报告、小鸟、交角、高帽、吵闹、打扰

3. 诗词练习

《润州听暮角》 李涉

江城吹角水茫茫，曲引边声怨思长。
惊起暮天沙上雁，海门斜去两三行。

《钗头凤·红酥手》 陆游

红酥手，黄縢酒，满城春色宫墙柳。东风恶，欢情薄。一怀愁绪，几年离索。错、错、错。

春如旧，人空瘦，泪痕红浥鲛绡透。桃花落，闲池阁。山盟虽在，锦书难托。莫、莫、莫！

《七律·人民解放军占领南京》 毛泽东

钟山风雨起苍黄，
百万雄师过大江。
虎踞龙盘今胜昔，
天翻地覆慨而慷。
宜将剩勇追穷寇，
不可沽名学霸王。
天若有情天亦老，
人间正道是沧桑。

(四) 鼻腔共鸣练习

鼻腔共鸣作为播音共鸣中的辅助共鸣方式，不易掌握，容易被忽视。需要遵循循序渐进的原则，体会到鼻腔共鸣的正确位置后再进行练习。另外还需注意，鼻腔共鸣不能运用得太多，否则会导致鼻音色彩过重。

一般来说，a 的舌位低，鼻腔共鸣弱，软腭下降幅度就可稍大一些。而 i、u、ü 舌位高，口腔通路窄，气流更容易进入鼻腔，所以软腭就不能下降得过多，否则容易使元音过度鼻音化。具体可通过以下方式练习：

1. 哼鸣练习

分别用开口哼鸣和闭口哼鸣来体会"面罩"般的感觉，还可用音阶或者声音由低到高滑动的方式来增加练习的趣味性。实际训练时，这种声音有些类似于消防车的警笛声。

2. 鼻辅音练习

用鼻辅音m分别和主要元音相拼，以体会用鼻辅音带动元音发声的鼻腔共鸣。在慢速练习的过程中可夸张地、慢速地发鼻辅音，体会声音是从鼻腔开始的。

m---a---　ma　ma　ma

m---o---　mo　mo　mo

m---i---　mi　mi　mi

m---u---　mu　mu　mu

妈妈、买卖、猫咪、密谋、弥漫、谩骂、木门、茂密

牧民、命名、埋没、麻木、美满、渺渺、秘密、眉目

3. 后鼻音归韵练习

体会归韵时，气流进入鼻腔引起共鸣的感觉。

渊源、黄昏、间断、湘江、光芒、荒凉、中堂、中央

茫茫、荡漾、想象、亮相、阳光、阳刚、相向、鹏程

注意：有些同学由于受方言发音的影响，鼻腔共鸣使用过多。纠正时，可通过用手捏住鼻子来发非鼻音以调整过度使用的鼻音；而当发带有鼻辅音的韵母时，则一定要仔细体会归韵时气流进入鼻腔的时机，避免气流提前进入鼻腔，使字音发闷，影响清晰度。

（五）共鸣综合练习

混合共鸣中，各个共鸣器官参与协作的比例很难用量化的标准来要求，只能通过不同稿件和不同场景的设定来反复练习，最终找到合适的共鸣器官协作运用的方式。从不同节目类型对共鸣的需求看，新闻报道类节目比较严肃，需要在口腔共鸣的基础上适当加大胸腔共鸣的比例；谈话类、娱乐类节目，氛围较轻松，可适当减少胸腔共鸣，使用较轻松的声音来贴合栏目需求；而晚会类、大型会议等则需要在口腔共鸣的基础上，适当增加头腔共鸣，以使音量和音域达到环境要求。

1. 绕口令练习

可借助鼻辅音m和高舌位元音i来熟悉鼻腔共鸣的控制。

两只猫

白猫黑鼻子，黑猫白鼻子，

黑猫的白鼻子，碰破了白猫的黑鼻子，

白猫的黑鼻子破了，

剥了秕谷壳儿补鼻子，

黑猫的白鼻子没破，

就不必剥秕谷壳儿补鼻子。

以复韵母为练习对象的绕口令，可以帮助我们体会"声挂前腭"的感觉。

海带和白菜

艾白凯买来海带和白菜，

泡开海带切白菜，

摆好白菜切海带，

艾白凯爱吃海带拌白菜。

小猪扛锄头

小猪扛锄头，哼哧哼哧走。

小鸟唱枝头，小猪扭头瞅。

锄头撞石头，石头砸猪头，

小猪怨锄头，锄头怨猪头。

2. 文学作品练习

根据文体的要求，调整共鸣状态，得到最恰当的声音效果：

《少年中国说》(节选) 梁启超

少年中国者，则中国少年之责任也。

故今日之责任，不在他人，而全在我少年。

少年智则国智，少年富则国富；

少年强则国强，少年独立则国独立；

少年自由则国自由，少年进步则国进步；

少年胜于欧洲则国胜于欧洲，少年雄于地球则国雄于地球。
红日初升，其道大光。河出伏流，一泻汪洋。
潜龙腾渊，鳞爪飞扬。乳虎啸谷，百兽震惶。
鹰隼试翼，风尘吸张。奇花初胎，矞矞皇皇。
干将发硎，有作其芒。天戴其苍，地履其黄。
纵有千古，横有八荒。前途似海，来日方长。
美哉我少年中国，与天不老！
壮哉我中国少年，与国无疆！

《沁园春·雪》毛泽东

北国风光，千里冰封，万里雪飘。望长城内外，惟余莽莽；大河上下，顿失滔滔。山舞银蛇，原驰蜡象，欲与天公试比高。须晴日，看红装素裹，分外妖娆。

江山如此多娇，引无数英雄竞折腰。惜秦皇汉武，略输文采；唐宗宋祖，稍逊风骚。一代天骄，成吉思汗，只识弯弓射大雕。俱往矣，数风流人物，还看今朝。

3. 新闻评论类

四川电台新闻频道《中国评论报道》节目稿：

(1) 今天新华网头条评论关注：镇领导"豪华办公"，算哪门子"节约"！近日，只有200多名干部的河南省信阳市××镇政府，投资数千万元，修建了一栋8000多平方米的豪华办公楼。人均建筑面积和每平方综合造价均达到，甚至超过了国家规定的省部级党政机关的标准，其中仅书记、镇长的办公室面积就近200平方米，采访中，该镇一位不愿透露姓名的工作人员还说："超前规划才是最大的节约。"

为此，新华网批评，这种超前于法无据。经济越不富裕的地方，官员办公室的鱼缸越大、沙发越软，就越能证明当地官员消费公众税款的"胆子大、能力强"，越能凸显其淡薄的节约意识。新华网强调，一个地方公共财政的蛋糕原本就那么大一块儿，若公仆办公的这一头狠狠地切下一大块，那公民的教育、卫生、交通、住房等民生投入需求的那一块就会被挤压，长此以往，最终伤及的将是政府部门的公信力！

(2) 今天《新华每日电讯》头条评论关注："欢迎吐槽"的危机公关值得学习。连日来，苏州的"东方之门"以其独特的"低腰秋裤"造型成为网民热议的对象，

9月5日，当地某报以《没文化就看不懂"东方之门"》为题发表评论，以反驳的口吻回应网友质疑，这样极具蔑视和挑衅意味的标题激起了许多网友的怒火。当晚，"东方之门"官方微博就发表声明，表示不认同这篇评论的观点，并欢迎网友的各种吐槽。为此，《新华每日电讯》指出，如果说此前网友的吐槽让"东方之门"陷入形象危机，那么不得不承认，这次"东方之门"的回应是一次高明的危机公关、成功的危机公关，值得政府部门、官员以及企业学习和借鉴。处理不同的问题当然需要不同的危机公关方式，但有些东西是共通和必不可少的，比如要真诚、虚心，还要有胸怀和智慧。

(3)"普通院校5000元，重点院校6000元，211工程院校7000元，985工程院校8000元，清华、北大、电子科大9000元。"这是近日在广东省2015届高校毕业生本科生的一场招聘专场中，深圳一家国家级高新技术企业开出的技术类新进应届生的薪资标准。可以看到，这个标准按照院校等级的不同，划分了不同的起薪点。

有人质疑，这也太不公平了，而该公司总部相关工作人员则表示，按照不同级别院校来区分应届毕业生起薪，是该公司一贯的薪酬制度，不存在不公平一说。

对此，央广网评论说，普通大学一样有英才，重点大学也难免有庸才。只看院校不看能力，只看出身不管素质，这不仅是在制造职场上的人为不平等，更是对知识与能力的嘲弄。对于这样的单位，如果没能进入，应该是幸运而不是遗憾。

第六节　声音弹性

教学目标：

明确声音弹性对于播音、主持等有声语言创作的重要性；通过多种训练手段获得声音弹性并灵活运用，有效提升声音的色彩感与表现力。

一、什么是声音弹性

如果说肢体动作是舞蹈演员表达情感与信息的主要方式，那么有声语言就是播音员、主持人传播节目内容的主要介质。播音员、主持人播出的节目内容每天、每时各不相同，因此需要有色彩、多变的声音作为节目信息传播的物质条件基础。这种声音随着内容不同、感情变化而产生的丰富性、伸缩性与可变性即为声音弹性，也可以理解为声音对人们变化着的思想感情的适应能力。

让我们通过进一步分析来认识声音弹性的内涵。

人的思想感情总是在不断运动变化着的，这种运动状态是有声语言创作的内在动力，它要求表达时气息与声音随之产生变化以体现出它所感受到的一切，这实际上也就成为播音表达的过程。

播音表达要求声音富于弹性，而声音弹性也具体呈现为以下几方面特点：

首先是声音的可变性。声音若离开各方面的变化，也就谈不上富有弹性了，而声音弹性最主要的表现便是气息状态和声音色彩的变化。

其次是声音的对比性。这说明声音的弹性是于对比之中体现出来的，也是相对而言的。例如，气息的深浅、急缓；声音的高低、强弱、虚实、明暗、刚柔、厚薄等。

再次是声音的层次性。声音形式除了不同方面的对比，每一个对比项目还能表现出不同的层次，并且层次之间还有着细微的差别。在发声时，思想感情越细腻、声音控制能力越强，声音所表现出的层次便会越丰富。

最后还应明确的是，声音弹性并不是以单项对比形式出现的，而是以多种对比项目复合的形式出现的，这也就成为声音色彩与表达风格多样化的基础。

二、如何使声音富于弹性

思想感情的运动是声音弹性的内在依托，也是取得声音弹性的先决条件。我们应根据节目类型、稿件或话题内容而产生具体细微的思想感情运动并形之于声。

声音的弹性变化绝不仅仅是物理学意义上音高、音长、音强等方面的变化。它的伸缩与可变需要依靠气息自如运动、喉部自然放松，以及口齿灵活等条件的配合。也就是说，只有发音器官各部分协调、灵活、控制自如，声音才可能随感情的变化而发生变化。

在表达过程中任何环节所表现出的运动极限都是形成声音弹性的障碍，因此，对发声控制能力进行训练也是有利于声音弹性加强的。而所谓的发声控制，就是要求发声各环节都留有余地，以利于声音弹性的产生。

三、声音弹性的训练

播音员、主持人的声音如同画家手中的调色板，色彩变化越丰富细致，它对于感情色彩的适应性就会越强。声音弹性的训练，目的就是要拓展声音色彩的变化能力，包括气息的深浅、疾徐；声音的高与低、强与弱、实与虚、明与暗、厚与薄等。需注意的是，不同声音色彩的对比具有丰富的层次性，表达时控制的水平越高，所表达出的层次差异就越细腻。

(一) 声音的虚与实

1. 单韵母音色变化练习

(1) 用相同音高练习下列元音。

提示：着重体会喉部在发柔和虚声与明亮实声两种状态下的不同感觉。

a(实声)————————a(虚声)
o(实声)————————o(虚声)
e(实声)————————e(虚声)
i(实声)————————i(虚声)
u(实声)————————u(虚声)
ü(实声)————————ü(虚声)

(2) 多层次音色对比练习。

提示：每个音发出两个以上层次的音色变化。通过这一练习，锻炼自己对于音色的精细识别和控制能力。开始训练时每个音可以发单纯的虚、虚实和实三种音色。待发声控制能力提高后，每个音则可进一步细分，由最虚到最实发出多种不同的音色。

a(实声)————a(虚实声)————a(虚声)
o(实声)————o(虚实声)————o(虚声)
e(实声)————e(虚实声)————e(虚声)
i(实声)————i(虚实声)————i(虚声)

u(实声)————u(虚实声)————u(虚声)

ü(实声)————ü(虚实声)————ü(虚声)

(3) 音色连续变化练习。

提示：下列练习每个音用相同的音高发出，并保持声音在不间断状态下产生由虚到实或由实到虚的音色变化，进而增强声带对音色的控制能力。

音色由虚到实：吸一口气，保持吸气状态(声门打开)开始发音，然后使声音逐渐由柔和到明亮变化，声门由打开逐渐转为关闭，体会此刻喉的状态。

a(虚声)————a(实声)

o(虚声)————o(实声)

e(虚声)————e(实声)

i(虚声)————i(实声)

u(虚声)————u(实声)

ü(虚声)————ü(实声)

音色由实到虚：吸一口气，然后屏住气，使声门保持在闭合状态下开始发音，此时得到的声音为响亮的实声。接着渐渐打开声门，感受音色由明亮到柔和的连续变化，并体会此刻喉的状态。

a(实声)————a(虚声)

o(实声)————o(虚声)

e(实声)————e(虚声)

i(实声)————i(虚声)

u(实声)————u(虚声)

ü(实声)————ü(虚声)

2. 复韵母、鼻韵母音色变化练习

在掌握单韵母音色变化后，向整个音节音色变化过渡，并使音色变化有效作用于表达。要求每个韵母发出不同音色的变化，一般应能有三个层次的变化。

ai(虚声)　　ai(虚实声)　　ai(实声)

ei(虚声)　　ei(虚实声)　　ei(实声)

ao(虚声)　　ao(虚实声)　　ao(实声)

ou(虚声)　　ou(虚实声)　　ou(实声)

ia(虚声)	ia(虚实声)	ia(实声)
ie(虚声)	ie(虚实声)	ie(实声)
ua(虚声)	ua(虚实声)	ua(实声)
uo(虚声)	uo(虚实声)	uo(实声)
üe(虚声)	üe(虚实声)	üe(实声)
uai(虚声)	uai(虚实声)	uai(实声)
uei(虚声)	uei(虚实声)	uei(实声)
iao(虚声)	iao(虚实声)	iao(实声)
iou(虚声)	iou(虚实声)	iou(实声)
an(虚声)	an(虚实声)	an(实声)
en(虚声)	en(虚实声)	en(实声)
in(虚声)	in(虚实声)	in(实声)
ün(虚声)	ün(虚实声)	ün(实声)
ian(虚声)	ian(虚实声)	ian(实声)
uan(虚声)	uan(虚实声)	uan(实声)
uen(虚声)	uen(虚实声)	uen(实声)
üan(虚声)	üan(虚实声)	üan(实声)
ang(虚声)	ang(虚实声)	ang(实声)
eng(虚声)	eng(虚实声)	eng(实声)
ing(虚声)	ing(虚实声)	ing(实声)
ong(虚声)	ong(虚实声)	ong(实声)
uang(虚声)	uang(虚实声)	uang(实声)
ueng(虚声)	ueng(虚实声)	ueng(实声)
iang(虚声)	iang(虚实声)	iang(实声)
iong(虚声)	iong(虚实声)	iong(实声)

3. 词的音色变化练习

分别用虚声、虚实声和实声练习，把握韵母与声母结合时整个音节的变化，并注意体会喉和发音器官的状态。

选举　鹌鹑　用力　军事　赌博　运输　原则　恳请

全面	草包	约会	女子	旅馆	光明	海洋	痛快
遵守	暖气	推动	挂号	抓紧	恐怖	牛奶	支持
灯笼	穷人	群岛	略微	削弱	荒唐	装配	损坏
想象	柠檬	硫酸	嘈杂	篡改	太阳	耍滑	飘洒

4. 偏实声练习

声音响亮、扎实、清晰度高。播报新闻消息、评论性文章时基本用这种声音，知识性节目也多用偏实的声音。

《黄河大合唱——黄河之水天上来》朗诵词 光未然

黄河之水天上来，

排山倒海，

汹涌澎湃，

奔腾叫啸，

使人肝胆破裂！

它是中国的大动脉，

在它的周身，

奔流着民族的热血。

红日高照，

水上金光迸裂。

月出东山，

河面银光似雪。

它震动着，

跳跃着，

像一条飞龙，

日行千里，

注入浩浩的东海。

虎口龙门，

摆成天上的奇阵;
人,
不敢在它的身边挨近,
就是毒龙
也不敢在水底存身。
在十里路外,
仰望着它的浓烟上升,
像烧着漫天大火,
使你感到热血沸腾;
其实,
凉气逼来,
你会周身感到寒冷。
它呻吟着,
震荡着,
发出十万万匹马力,
摇动了地壳,
冲散了天上的乌云。

啊,黄河!
河中之王!

它是一匹疯狂的猛兽,
发起怒来,
赛过千万条毒蟒,
它要作浪兴波,
冲破人间的堤防;
于是黄河两岸,
遭到可怕的灾殃:
它吞食了两岸的人民,

削平了数百里外的村庄，
使千百万同胞
扶老携幼
流亡他乡
挣扎在饥饿线上，
死亡线上！

如今，
两岸的人民，
又受到了空前的灾难：
东方的海盗，
在亚洲的原野，
伸张着杀人的毒焰；
于是饥饿和死亡，
像黑热病一样，
在黄河的两岸传染！

啊，黄河！
你抚育着我们民族的成长：
你亲眼看见，
这五千年来的古国
遭受过多少灾难！
自古以来，
在黄河边上
展开了无数血战，
让累累白骨
堆满你的河身，
殷殷鲜血
染红你的河面！

但你从没有看见

敌人的残暴

如同今天这般；

也从来没有看见

黄帝的子孙

像今天这样

开始了全国动员。

在黄河两岸，

游击兵团，

野战兵团，

星罗棋布，

散布在敌人后面；

在万山丛中，

在青纱帐里，

展开了英勇血战！

啊，黄河！

你记载着我们民族的年代，

古往今来，

在你的身边

兴起了多少英雄豪杰！

但是，

你从不曾看见

四万万同胞

像今天这样

团结得如钢似铁；

千百万民族英雄，

为了保卫祖国，

洒尽他们的热血；
英雄的故事，
像黄河怒涛，
山岳般地壮烈！

啊，黄河！
你可曾听见
在你的身旁
响彻了胜利的凯歌？
你可曾看见
祖国的铁军
在敌人后方
布成了地网天罗？
他们把守着黄河两岸，
不让敌人渡过！
他们要把疯狂的敌人
埋葬在滚滚的黄河！

啊，黄河！
你奔流着，
怒吼着，
替法西斯的恶魔
唱着灭亡的葬歌！
你怒吼着，
叫啸着，
向着祖国的原野，
响应我们伟大民族的
胜利的凯歌！

5. 偏虚声练习

声门有一定开度,伴随发声呼出一定气流,并保证字音的清晰度。偏虚声多用在抒发感情、描述想象中的虚幻事物、表达惊叹或说悄悄话等情况下。

《左岸咖啡馆》广告配音文案

离开咖啡馆的时候

大家都会说:"明天见,明天见"

这个地方没有人说再见的

而是说明天见

因为天天都会来

明天大家又会见到面

我在"左岸咖啡馆"

"明天见"

《春江花月夜》张若虚

春江潮水连海平,海上明月共潮生。
滟滟随波千万里,何处春江无月明?
江流宛转绕芳甸,月照花林皆似霰。
空里流霜不觉飞,汀上白沙看不见。
江天一色无纤尘,皎皎空中孤月轮。
江畔何人初见月?江月何年初照人?
人生代代无穷已,江月年年只相似。
不知江月待何人,但见长江送流水。
白云一片去悠悠,青枫浦上不胜愁。
谁家今夜扁舟子?何处相思明月楼?
可怜楼上月徘徊,应照离人妆镜台。
玉户帘中卷不去,捣衣砧上拂还来。
此时相望不相闻,愿逐月华流照君。
鸿雁长飞光不度,鱼龙潜跃水成文。
昨夜闲潭梦落花,可怜春半不还家。

江水流春去欲尽，江潭落月复西斜。

斜月沉沉藏海雾，碣石潇湘无限路。

不知乘月几人归？落花摇情满江树。

(二) 声音的高与低

高音与低音是指在本人音域范围内音调相对的高与低。

音域扩展练习，即通过向声音高低两个方向扩展，扩大音域范围，对于发音偏高的同学，应着重向低音方向扩展；发音偏低的同学，应着重向高音方向扩展。

(1) 扩展高音。将自己发出的舒适中音定为音阶1，并用单元音a、o、e、i、u、ü作为练习音，发长音练习。待音阶1稳定后，再将声音逐步升高，发音阶2、3、4、5……注意发高音时应避免过亮的实声，尽量使用柔和音色。音高升高时应在喉部相对放松的状态下循序渐进，将一个新高度发得不费力后再慢慢往上升，切不可急于求成，导致发音器官受损。

(2) 扩展低音。将自己发出的舒适中音定为音阶1，并用单元音a、o、e、i、u、ü做练习音发长音练习。待音阶1稳定后，再将声音逐步降低，发音阶2、3、4、5……注意发低音时应避免压喉，尽量使用稳定、松弛的音色。音高降低时应在喉部相对放松的状态下循序渐进，将一个新位置发得不费力后再慢慢往下降，切不可急于求成，导致发音器官受损。

(3) 确定适当音高。由高到低分几个声音高度播读下列名言名句后进行比较，找出自己满意的，适合播音主持艺术发声的音高，再把这一高度与自己习惯使用的音高进行比较分析，看看是否存在习惯性发声偏高或偏低的问题。根据自己的问题，确定进一步的练习内容。

仰不愧天，俯不愧人，内不愧心。——韩愈

盛年不重来，一日难再晨。及时当勉励，岁月不待人。——陶渊明

能够讨每个人喜欢的人，是不能令人喜欢的。——[法]巴尔扎克

对众人一视同仁，对少数人推心置腹，对任何人不要亏负。——[英]莎士比亚

会当凌绝顶，一览众山小。——杜甫

天将降大任于斯人也，必先苦其心志，劳其筋骨，饿其体肤，空乏其身，行拂乱其所为也，所以动心忍性，增益其所不能。——《孟子》

不登高山，不知天之大；不临深谷，不知地之厚也。——荀况

一日一钱，千日千钱，绳锯木断，水滴石穿。——班固

天行健，君子以自强不息。——《易经》

(4) 用适当音高播读，注意每个段落开始时起声的声音高度。

(三) 声音的明与暗

一般来说，广播电视节目的内容多用较为明朗的声音进行表达，但也应根据节目内容需要进行适当调整，明暗得宜。

明朗的声音，要求发音时颧肌提起，口腔内声束的冲击点较为集中、靠前；暗沉的声音，要求发音时气息深缓，两颊放松，声束冲击点较散、靠后。

需要提醒的是，切忌采用捏挤嗓子或多用头腔、鼻腔共鸣的办法来寻求声音的明朗。

1. 明朗音色的练习

(1) 朋友，你到过天山吗？天山是我们祖国西北边疆的一条大山脉，连绵几千里，横亘准噶尔盆地和塔里木盆地之间，把广阔的新疆分成南北两半。远望天山，美丽多姿，那常年积雪高插云霄的群峰，像集体起舞时的维吾尔族少女的珠冠，银光闪闪；那富于色彩的连绵不断的山峦，像孔雀开屏，艳丽迷人。

(2) 小树、小草长出的嫩叶喝足了春天的甘露，嫩得仿佛一碰就出汁了！金灿灿的迎春花在春风中展开千万张笑脸，粉红的桃花一簇簇、一片片，远远望去，像是美丽的晚霞。喜笑颜开的木棉花向春天快乐地招手，在灿烂的阳光下，更加光彩夺目。

2. 偏暗音色练习

(1) 将圆未圆的明月，渐渐升到高空，一片透明的灰云，淡淡地遮住月光。田野上面，仿佛笼起一片青烟，朦朦胧胧，如同进入梦境。晚风吹过之后，田野上烟消雾散，水一样的清光，冲洗着柔和的秋夜。

(2) 月儿是个善良的、最易动感情的姑娘，谁有什么不幸和忧愁，她总怜悯地注视着你，为你流泪、为你分忧。有时候，她甚至痛苦得扯过半片白云掩住哭泣的脸。月儿也是快乐的、开朗的姑娘，跟星星捉迷藏，躲进白云里；给星星讲故事，讲得星星直眨眼睛。

(3) 夜风轻飘飘地吹拂着，空气中飘荡着一种大海和田禾相混合的香味，柔软的

沙滩上还残留着白天太阳炙晒的余温。那些在各个工作岗位上劳动了一天的人们，三三两两地来到了这软绵绵的沙滩上，他们浴着凉爽的海风，望着那缀满了星星的夜空，尽情地说笑，尽情地休憩。

3. 明暗对比练习

体会声音在具体文段内依据内容变化而产生的明暗对比。

《蜀道难》李白

噫吁嚱，危乎高哉！蜀道之难，难于上青天。蚕丛及鱼凫，开国何茫然！尔来四万八千岁，不与秦塞通人烟。西当太白有鸟道，可以横绝峨眉巅。地崩山摧壮士死，然后天梯石栈相钩连。上有六龙回日之高标，下有冲波逆折之回川。黄鹤之飞尚不得过，猿猱欲度愁攀援。青泥何盘盘！百步九折萦岩峦。扪参历井仰胁息，以手抚膺坐长叹。

问君西游何时还，畏途巉(chán)岩不可攀。但见悲鸟号古木，雄飞雌从绕林间。又闻子规啼夜月，愁空山。蜀道之难，难于上青天！使人听此凋朱颜。连峰去天不盈尺，枯松倒挂倚绝壁。飞湍瀑流争喧豗(huī)，砯(pīng)崖转石万壑雷。其险也如此，嗟尔远道之人胡为乎来哉？

剑阁峥嵘而崔嵬，一夫当关，万夫莫开。所守或匪亲，化为狼与豺。朝避猛虎，夕避长蛇。磨牙吮血，杀人如麻。锦城虽云乐，不如早还家。蜀道之难，难于上青天，侧身西望长咨嗟。

(四) 声音的强与弱

1. 有层次地由弱到强

(1) 第一遍用弱声，一遍比一遍略强，音高基本不变。

(2) 第一遍用低、弱声，一遍比一遍略强、略高，到最强最高时不能有喊的感觉。

《中国移动全球通》配音文案

每个人都是一座山，世界上最难攀登的山，其实就是自己。

往上走，即便一小步，也有新高度。

做最好的自己，我能。

《乐百氏纯净水》配音文案

为了您可以喝到更纯净的水,

乐百氏不厌其烦,

每一滴都经过严格净化,

27层,

您可以喝得更放心。

2. 强弱对比练习

(1) (弱)他的心(强)怦怦地跳着。

(2) (弱)他暗自下定决心:(强)"我决不能那样做!"

(3) (弱)第一锤打下来,他的双手感到有些震动。(渐强)第二锤,震得他虎口发麻。(强)第三锤下来,他整个身子都弹了起来。

3. 文段练习

《顾维钧在巴黎和会上的发言》

请允许我在正式发言之前,让大家看一样东西。(掏出金表)

(牧野发言:我的,我的怀表……)

进入会场之前,牧野先生为了讨好我,争夺山东的特权,把这块金表送给了我。

(牧野发言:我抗议,这是盗窃,中国代表偷了我的怀表,这是公开的盗窃!无耻!极端的无耻!)

牧野男爵愤怒了,他真的愤怒了,姑且算是我偷了他的金表,那我倒想问问牧野男爵,你们日本,在全世界面前偷了整个山东省,山东省的三千六百万人民该不该愤怒呢?四万万中国人该不该愤怒!我想请问,日本的这个行为算不算是盗窃?是不是无耻啊?是不是极端的无耻?

山东是中国文化的摇篮,中国的圣者孔子和孟子就诞生在这片土地上,孔子,孔子就犹如西方的耶稣。山东是中国的,无论从经济方面还是战略上,还有宗教文化,中国都不能失去山东,就像西方不能失去耶路撒冷!

尊敬的主席阁下,尊敬的各位代表,我很高兴能代表中国参加这次和会,我自感责任重大,因为我是代表了人口占全世界四分之一的中国在这里发言,刚才牧野先生说中国是未出一兵一卒的战胜国,这是无视最起码的事实,请看(拿出照片),战争期间,中国派往欧洲的劳工就达十四万,他们遍布战场的各个角落,他们和所有战胜国的军人一样在流血，在牺牲。我想让大家再看一张在法国战场上牺牲的华工墓地的照片，这样的墓地在法国、在欧洲就有十几处，他们大多来自中国的山东省。他们为了什么？就是为了赢得这场战争！换回自己家园的和平与安宁！

因此，中国代表团深信，会议在讨论中国山东省问题的时候，会考虑到中国的基本合法权益，也就是主权和领土完整。否则，亚洲将会有无数的灵魂哭泣，世界不会得到安宁！

我的话完了，谢谢，谢谢！

——节选自电影《我的1919》

(五) 声音弹性变化综合练习

1. 广告配音文案练习

《张裕葡萄酒》

早在1915年，张裕就以四款产品代表中国葡萄酒参加了世博会。

1931年，张裕酿出了中国人自己的干红。

如今，张裕已在国内六大优质产区拥有25万亩葡萄基地，提供新鲜、天然、成熟的酿酒葡萄。

张裕拥有全球领先的酿造设备和工艺，以及国际一流的酿酒师团队。

融合全球资本和技术的张裕，已在国内布局六大专业化酒庄。还在法国波尔多、伯艮第、意大利、新西兰合作共建国际酒庄联盟。

进取无止境，未来更精彩——张裕。

《梅赛德斯-奔驰E级轿车——一路同行篇》

交通，是一种人与人的交流。

数以百万的车辆，来自不同的地方，驶向各自的方向。

他们分享同一条道路，成为彼此路途上的同伴，同路，同行，同分享。

梅赛德斯-奔驰，以整体性安全理念，为自己与身边的世界带来安全。

全新E级轿车，与智慧一路同行。

《因爱而生——强生》

强生相信，在我们身边，存在着一些巨人。

他们以巨大的爱，做细小的事。

让心灵获得慰藉，让创伤得到安抚，让人们得到关爱。

强生，以医疗卫生和个人护理的经验和智慧，

与这些巨人并肩，用爱推动人与人的关爱。

因爱而生，强生。

《惠普笔记本》

我的惠普笔记本就像我的自传，妈妈总发些老古董给我。

这是和老爸去海钓，啊哈，现在，我抓的鱼大多了。

我超爱上网搜罗舞步，这些家伙棒极了，真是酷。

它藏着我的过去，当然还有更多的空间留给未来。

惠普笔记本。

惠普电脑，掌控个性世界。

2. 快板书

应注意呼吸控制与口腔控制的配合。

《道大喜》

给诸位，道大喜，人民政府了不起！了不起，修臭沟，上边先给咱们穷人修。请诸位，想周全，东单、西四、鼓楼前；还有那，先农坛、天坛、太庙、颐和园；要讲修，都得修，为什么先管龙须沟？都只为，这儿脏，这儿臭，政府看着心里真难受！好政府，爱穷人，教咱们干干净净大翻身。修了沟，又修路，好教咱们挺着腰板迈大步；迈大步，笑嘻嘻，劳动人民努力又心齐。齐努力，多做工，国泰民安享太平！享太平！

《弟子规》快板台词

青青的山，绿绿的草，祖国山河多美好。

华夏文明五千载，扬名世界一一摆。

从华山到泰山，名山大川万万千。

从南疆到大漠，条条大河匆匆过。
《弟子规》，放光芒，祖国文化多辉煌。

弟子规	圣人训	首孝悌	次谨信，	泛爱众	而亲仁	有余力	则学文
人不闲	勿视搅	人不安	勿话搅，	人有短	切莫揭	人有私	切莫说
道人善	既是善	人知之	愈思勉，	扬人短	既是恶	疾之甚	祸且作
同是人	类不齐	流俗众	仁者稀，	果仁者	人多畏	言不讳	色不媚
能亲仁	无限好	德日进	过日少，	不亲仁	无限害	小人进	百事坏
不力行	但学文	长浮华	成何人，	但力行	不学文	任己见	昧理真
读书法	有三到	心眼口	信皆要，	方读此	勿慕彼	此未终	彼勿起
宽为限	紧用功	功夫到	滞塞通，	心有疑	随札记	就人问	求确义
房室清	墙壁净	几案洁	笔砚正，	墨磨偏	心不端	字不敬	心先病
列典籍	有定处	读看毕	还原处，	虽有急	卷束齐	有缺坏	就补之
非圣书	屏不视	蔽聪明	坏心志，	勿自暴	勿自弃	圣与贤	可训致

说一千，道一万，句句祖国来称赞，爱国志，代代传，中华民族记璀璨。
书声琅琅颂诗文，传统美德世代存。
从小诵读经典文，立志铸我民、族、魂。

3. 讲故事练习

下面故事中角色的形象、性格，要通过声音前后、大小、强弱、高低、宽窄、明暗、刚柔、虚实等音色对比来塑造。

《两只笨狗熊》佚名

狗熊妈妈有两个孩子，一个叫大黑，一个叫小黑，他们长得挺胖，可是都很笨，是两只笨狗熊。

有一天，天气真好，哥儿俩手拉着手一起出去玩儿。他们走着，走着，忽然看见路边有一块很大的干面包，捡起来闻闻，嘿，喷喷香。可是只有一块干面包，两只小狗熊该怎么吃呢？大黑怕小黑多吃一点，小黑也怕大黑多吃一点，这可不好办呀！

大黑说："咱们分了吃，可要分得公平，我的不能比你的小。"

小黑说："对，要分得公平，你的不能比我的大。"

哥俩正闹着呢，狐狸大婶来了，她看见干面包，眼珠骨碌碌一转，说："噢，你们是怕分得不公平吧,来来来,让大婶来帮你们分。"哥俩说:"好,好,咱们让狐狸大婶来分吧。"

狐狸大婶接过干面包,恨不得一口吞下去,可是她没有这样做。她一下子把干面包分成两片,哥俩一看,连忙叫起来:"不行!不行!一块大,一块小。"

狐狸大婶说:"你们别着急呀,瞧,这块大点吧,我咬它一口。"狐狸大婶张开大嘴"啊呜"咬了一口。哥俩一看,叫了起来:"不行,不行,这块大的被你咬了一口,又变成小的了。"

狐狸大婶说:"你们急什么呀,那块大了,我再咬它一口吧。"狐狸大婶张开大嘴"啊呜"又咬了一口。哥儿俩一看,急得又叫了起来:"那块大的被你咬了一口,又变成小的了。"

就这样,狐狸大婶左咬一口,右咬一口,干面包就只剩小手指头那么一点儿了。她把一丁点大的干面包分给大黑和小黑,说:"现在这两块都一样大小了,吃吧,吃吧,吃吧!吃得饱饱的!"

大黑和小黑你看看我,我看看你,一句话也说不出来。

第七节 情、声、气的关系

教学目标:

通过理解情、声、气的定义及其内涵,明确播音主持发声对情、声、气的具体要求,把握三者之间的相互关系,以及基本训练方法。

一、播音主持中的情、声、气

播音主持中的"情"是指播音员、主持人在受到文稿及具体情境刺激后,心理上所产生的服务于播出目的的一系列感同身受的反应,如感动、喜悦、同情、厌恶或悲愤等。对于这种"情"的把握,应做到真挚而有所控制,分寸恰当、细腻丰富,并始终处于有机运动的状态。

播音主持中的"声"是指播音员、主持人通过科学的发声方法传递出来的艺化的，由文字语言或内部语言转化而来的有声语言。具体要求是："声"应该具有较强的感染力，清晰流畅、圆润集中、层次丰富、变化自如。

播音主持中的"气"则是指播音员、主持人通过胸腹联合式呼吸法，吸进与呼出足够的气息，并对声音的最终形成起到支撑作用的发声动力来源。具体要求是：持久、稳定和自如。

总的来说，我们对情、声、气的训练，要按照"情要取其高，声要取其中，气要取其深，以字正腔圆、清晰持久、刚柔自如、声情并茂"①的要求来进行。

二、情、声、气的相互关系

所谓"感人心者，莫先乎情"，说的是"情"乃艺术创作的根本，在表达时，无论气息与声音等外在修饰做得有多好，离开了"情"都如同无根之木，无源之水；只有得到了"情"的滋润，有声语言表达这棵参天大树才能根深蒂固，枝繁叶茂。

"声"是情感的外在表现。表达时要以真挚的情感引导气息的科学运动，从而形成恰切的声音。我们的训练就是要使声音从"情"中来，含"情"而去，进而达到声随气来，气随情动，声情并茂，相得益彰的要求。

俗话说"气乃声之帅也""气动则声发"，这两句话生动地说明了气息在播音发声中的重要性。正所谓"情之所至、气之所依"，气息不仅为声音提供了动力支持，更伴随情感而融化于声音之中，修饰声音，丰富情感。

在播音主持创作过程中，情、声、气的运用不是割裂分开的，而是有机地融为一体、不可分割。对其关系的把握，可概括为：情是内在灵魂，是主导；声是外在形态，是载体；而气则是连接声与情的纽带，是动力。

三、情、声、气结合的训练

在本书的艺术发声部分已就声音、气息的相关训练进行了系统的理论讲解并提供了较翔实的训练材料，此处不再赘述。

在这里，我们重点就如何培养播音主持创作中的情感进行阐述。

---

① 吴弘毅. 实用播音教程——普通话语音和播音发声[M]. 北京：中国传媒大学出版社，2002.

在艺术语言中,有"一树梅花万首诗"的说法,而同样的一句话,用在不同的场合、面对不同的对象都会出现千差万别的表达效果。不过无论在停连、重音、语气、节奏等外部技巧上做出怎样的调整变化,语言表达的内在情感都是最为根本的。因为语言表达的真情实意是任何形式上的浓妆艳抹都涂抹不出的。

当前,有部分同学在语音发声基本功的训练阶段过于刻意地追求语音的"字正腔圆"及声音的"浑厚磁性",这是值得思考的。语音发声的基本功只是有声语言外在的"形",而有声语言的"神"则是要通过情感表现的训练来达到的,只有"形神兼备"的语言才是符合训练目标与要求的。所以,我们在训练语音发声基本功的同时,要重视对内在情感的培养,将二者有机地融为一体,最终服务于有声语言的表达以及播音主持工作。

关于有声语言中"情"的培养,需要注意以下几个问题。

(一) 提高专业鉴赏力

所谓专业鉴赏力,主要指对有声语言作品的体验、欣赏和鉴别能力。专业鉴赏力的高低,是衡量专业综合能力高低的重要标尺。因此,专业鉴赏力与专业能力是一个"水涨船高"的关系。

要想有效提高语言表达水平,就必须多欣赏各类优秀的有声语言作品和广播电视节目。在欣赏的过程中,除了沉浸于作品所带来的视听享受氛围,还必须反复揣摩这些作品之所以优秀的原因,然后在对比、反思与实践的过程中发现问题、寻找方法、培养感觉、提高鉴赏力。

值得一提的是,作品的选择不仅包括著名播音员、主持人、朗诵艺术家所演播的或是一些已经获得了较高奖项的作品。在此基础上,我们更应根据自身存在的问题有的放矢地进行选择。如果自身语音基础相对较差,就要着重关注语音水平较高的音视频节目;如果自身新闻播报能力相对较弱,就要着重关注不同类型、风格的新闻节目。另外,还应特别注意分析同一篇作品经由不同人处理而形成的风格差异。只有在不断的对比中才能客观分析、理性探讨,才能找准自己的学习方向。

总的来说,专业鉴赏力的提升是一个长期的过程,不可能一蹴而就。只有在鉴赏的过程中不断对比、总结与反思,才能逐渐提高、完善精进。同时,专业鉴赏力逐渐提高的过程也是审美能力与专业水平逐渐提升的过程,要在鉴赏的同时逐步加深对专业的理解与认同，同时客观分析自己的差距与不足，进而为自己在播音主持创作过程中提供学习、继承、借鉴与创新的动力。

(二) 培养良好语感

"语感是在人们受到语言文字刺激的时候，进行综合后的感受。"[①]它是一个人语言素养的直接反映，是对语言文字分析、理解、体会、吸收全过程的高度浓缩。良好的语感是需要通过正确的方法与持之以恒的练习相结合才能培养出来的。在训练语感时，我们不仅要用嘴巴读出"声"，更要在分析理解的基础上经头脑思考、感悟后读出"神"。

当然，在培养语感的过程中，也并不一定是读得越多就越好。所谓"杂书万卷不如经典一篇"，指的就是要读那些有思想、有营养、有内涵的作品，做优秀文化的传承者和传播者。因此，我们在读的同时要多思考，并在思考的过程中通过声音把思考后的体悟表达出来。

另外，在语感培养的过程中，还需要不断地进行"重复"。在读书时我们常有这样的感觉，那就是回头看以前看过的书，常会发现比以前的理解深刻了一些。其实有声语言也是这样，需要我们在不断重复的过程中发现自己的问题，并进一步激发播读愿望，进而在反复实践中不断成长。

当然，分寸的把握也是培养语感时需要注意的，正所谓"月满则亏、水满则溢、花满则谢"，有声语言表达也是这样。有时候创作者可能会被文字或情境感动得抑制不住而热泪盈眶，但播读者却需要注意，播音主持工作不是在电影院观看影片，为了保证节目的播出质量，我们的播音主持过程必须理性克制，做到情感饱满且张弛有度，并将细腻的情感体验与恰切的声音形式相结合，将内心的感动传递给更多受众，有效提升节目语言的感染力。

四、实训材料

训练提示：搜集一些训练作品，并在理解的基础上进行训练，着重体会情、声、气三者的结合控制与把握。

---

① 张颂. 朗读美学[M]. 修订版. 北京：中国传媒大学出版社，2010.

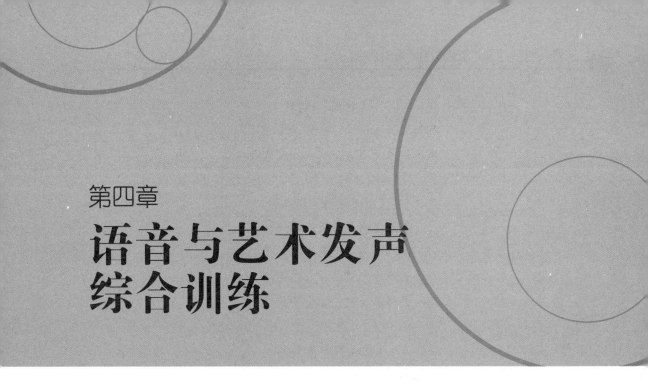

第四章 语音与艺术发声综合训练

教学目标：
通过对本章所提供材料的练习，巩固普通话语音基础，提升艺术发声能力。

一、文学作品

训练提示：通过朗读不同文体作品，训练呼吸控制、口腔控制、喉部控制、共鸣控制、弹性控制，以及情、声、气的结合，达到以情运气、以情带声、以气托声、以声传情的表达效果。

(一) 古诗词作品

《山居秋暝》王维

空山新雨后，天气晚来秋。
明月松间照，清泉石上流。
竹喧归浣女，莲动下渔舟。
随意春芳歇，王孙自可留。

《秋思》张籍

洛阳城里见秋风，欲作家书意万重。
复恐匆匆说不尽，行人临发又开封。

《望月怀远》张九龄

海上生明月，天涯共此时。
情人怨遥夜，竟夕起相思。
灭烛怜光满，披衣觉露滋。
不堪盈手赠，还寝梦佳期。

《游山西村》陆游

莫笑农家腊酒浑，丰年留客足鸡豚。
山重水复疑无路，柳暗花明又一村。
箫鼓追随春社近，衣冠简朴古风存。
从今若许闲乘月，拄杖无时夜叩门。

《插秧歌》契此

手把青秧插满田，低头便见水中天。
心地清净方为道，退步原来是向前。

《观书有感》朱熹

半亩方塘一鉴开，天光云影共徘徊。
问渠哪得清如许，为有源头活水来。

《春江晚景》惠崇

竹外桃花三两枝，春江水暖鸭先知。
蒌蒿满地芦芽短，正是河豚欲上时。

《回乡偶书》贺知章
少小离家老大回,乡音无改鬓毛衰。
儿童相见不相识,笑问客从何处来。

《离思》元稹
曾经沧海难为水,除却巫山不是云。
取次花丛懒回顾,半缘修道半缘君。

《黄鹤楼》崔颢
昔人已乘黄鹤去,此地空余黄鹤楼。
黄鹤一去不复返,白云千载空悠悠。
晴川历历汉阳树,芳草萋萋鹦鹉洲。
日暮乡关何处是,烟波江上使人愁。

《天净沙·秋思》马致远
  枯藤老树昏鸦,
  小桥流水人家,
  古道西风瘦马。
  夕阳西下,
  断肠人在天涯。

《春望》杜甫
  国破山河在,城春草木深。
  感时花溅泪,恨别鸟惊心。
  烽火连三月,家书抵万金。
  白头搔更短,浑欲不胜簪。

《乌衣巷》刘禹锡
朱雀桥边野草花,乌衣巷口夕阳斜。

旧时王谢堂前燕，飞入寻常百姓家。

《泊船瓜洲》王安石

京口瓜洲一水间，钟山只隔数重山。
春风又绿江南岸，明月何时照我还。

《饮酒》陶渊明

结庐在人境，而无车马喧。
问君何能尔？心远地自偏。
采菊东篱下，悠然见南山。
山气日夕佳，飞鸟相与还。
此中有真意，欲辨已忘言。

《游园不值》叶绍翁

应怜屐齿印苍苔，小扣柴扉久不开。
春色满园关不住，一枝红杏出墙来。

《摸鱼儿·雁丘词》元好问

问世间，情为何物？直教生死相许。天南地北双飞客，老翅几回寒暑。欢乐趣，离别苦，就中更有痴儿女。君应有语，渺万里层云，千山暮雪，只影向谁去？横汾路，寂寞当年箫鼓，荒烟依旧平楚。招魂楚些何嗟及，山鬼暗啼风雨。天也妒，未信与，莺儿燕子俱黄土。千秋万古，为留待骚人，狂歌痛饮，来访雁丘处。

《相见欢》李煜

无言独上西楼，月如钩。寂寞梧桐深院锁清秋。
剪不断，理还乱，是离愁。别是一般滋味在心头。

《雨霖铃》柳永

寒蝉凄切，对长亭晚，骤雨初歇。都门帐饮无绪，留恋处，兰舟催发。执手相看泪眼，竟无语凝噎。念去去，千里烟波，暮霭沉沉楚天阔。

多情自古伤离别。更那堪冷落清秋节。今宵酒醒何处，杨柳岸，晓风残月。此去经年，应是良辰好景虚设。便纵有千种风情，更与何人说？

《丑奴儿·书博山道中壁》辛弃疾

少年不识愁滋味，爱上层楼。爱上层楼，为赋新词强说愁。

而今识尽愁滋味，欲说还休。欲说还休，却道天凉好个秋。

(二) 寓言、童话作品

《小猫的倾听》

有一天，猫妈妈把小猫叫来，说："你已经长大了，三天之后就不能再喝妈妈的奶了，你得自己去找东西吃。"小猫惊恐地问妈妈："妈妈那我该吃什么东西呢？"

猫妈妈说："你要吃什么食物，妈妈一时也说不出来，就用我们祖先留下的方法吧，这几天你躲在屋顶上、梁柱间、箱笼里、陶罐边，仔细倾听人们的谈论，他们会教你的。"

第一天晚上，小猫躲在梁柱间偷听，一个大人对孩子说："小宝，把鱼和牛奶放在冰箱里，小猫最爱吃鱼和牛奶了。"

第二天晚上，小猫躲在陶罐边，听见一个女人对男人说："老公，帮我的忙，把香肠、腊肉挂在梁上，别让小猫偷吃了。"

第三天晚上，小猫躲在屋顶上，从窗户里看到一个妇人唠叨自己的孩子："奶酪、肉松、鱼吃剩了，也不收好，小猫的鼻子特别灵，明天你就没得吃了。"

就这样，小猫每天都非常开心，它回家告诉猫妈妈："妈妈，果然像你说的一样，只要我保持倾听，人们每天都会教我该吃些什么。"

靠倾听别人的谈话而学习生活的技能，小猫终于成为身体敏捷、肌肉强健的大猫。直到后来它有了孩子，它也是这样教导自己孩子的。

《时间与爱的故事》佚名

从前有一个小岛,上面住着快乐、悲哀、知识和爱,还有其他各类情感。

一天,情感们得知小岛快要下沉了,于是,都忙着准备船只,打算离开这儿。只有爱留了下来,她想,要坚持到最后一刻。

过了几天,小岛真的要沉了,爱想请人帮忙。

这时,富裕乘着一艘大船经过。

爱说:"富裕,你能带我走吗?"

"不,我的船上有许多金银财宝,没你的位置。"

不一会儿,爱看见虚荣在一艘华丽的小船上,就喊道:"虚荣,帮帮我吧!"

"我可帮不了你,你全身都湿透了,会弄坏我这漂亮小船的。"

这时悲哀过来了,爱急忙喊道:"悲哀,让我跟你走吧!"

"哦……爱,我实在是太悲哀了,我想自己一个人待一会!"

又过了一会,快乐经过爱的身边,可她实在是太快乐了,完全没有听见爱在叫她!

绝望之际,一个声音传来:"过来!我带你走。"

爱由于一时兴奋过头,竟然忘了问这位长者的名字。登上陆地后,她向知识老人打听帮她的那个人是谁?

老人说:"他是时间。"

"时间?他为什么要帮我呢?"

老人笑道:"因为只有时间才能理解爱有多伟大。"

(摘自《童话世界(A版)》2010年11期)

《聪明的公鸡》佚名

狐狸在场院附近觅食,看见一只小公鸡待在草垛上休息,狐狸高兴极了,口水不断流出来,这时它眼珠一转,对公鸡说:"我从来没见过像你这样漂亮的鸟儿,当然了,你父亲除外。我过去和它很熟。它的嗓子多么好哇。我想我们再也听不到那样的嗓音了。"

小公鸡从没有见过狐狸,不知道这只可恶的狐狸此刻正打着它的主意。小公鸡用嘴整理着满身漂亮的羽毛。"人家说我有一副相当不错的嗓子,"它谦虚地说,"也许你愿意听听,看看是不是跟我父亲的嗓子一样好。"

第四章 语音与艺术发声综合训练

"好啊，请吧。"狐狸说着就把脸背过去舔舔嘴唇。

小公鸡跳下草垛，来到狐狸跟前，伸长脖子，紧闭双眼，扯着嗓子叫起来。狐狸马上咬住它的脖子，叼着它跑进地里了。

"捉贼呀！"一些在田里干活的人们边喊边去追狐狸。

"假如我是你，"小公鸡扭头费力地对狐狸说，"我就叫他们少管闲事，跟他们说，我是属于你的，那他们就不会再追你了。"

狐狸刚一张开嘴还没等说出话来呢，小公鸡便飞快地溜走了。

二、新闻稿件

训练提示：通过对新闻稿件播报的练习，训练吐字归音的清晰饱满程度，气息支撑的稳定自如，以及声音的弹性可变等。

《一些国家和政党领导人致电或致函热烈祝贺习近平当选中共中央总书记》

一些国家和政党领导人15日纷纷致电或致函，热烈祝贺习近平当选中国共产党第十八届中央委员会总书记。

美国总统奥巴马在贺函中说，祝贺您当选中共中央总书记。您今年2月对美国进行的访问取得了圆满成功，我们就美中关系的未来进行了积极并富有建设性的讨论。我期待着在未来与您密切合作，继续建设美中合作伙伴关系，特别是通过加强两国务实合作，应对地区和全球性经济与安全挑战，造福两国人民，促进世界和平与繁荣。

俄罗斯统一俄罗斯党主席、总理梅德韦杰夫在贺函中热烈祝贺习近平当选中共中央总书记。贺函说，在中国共产党领导下，中国人民在国家建设中取得了巨大成就。我相信，贯彻落实中共十八大通过的决议，必将进一步促进中国繁荣昌盛。希望双方进一步深化党际交往，并不断充实新的内涵。我本人愿意与您共同努力，进一步加强两党合作。

非洲联盟轮值主席、贝宁总统博尼·亚伊在贺函中说，您的当选表明了中国人民和中国共产党对您的肯定，认可您能够带领人民将中国建设成为强大、统一、现代化和繁荣的国家。我希望在您的领导下，中国与贝宁之间充满活力、成果丰硕的合作不断得到巩固和发展，并造福于两国人民。

哈萨克斯坦"祖国之光"人民民主党主席、总统纳扎尔巴耶夫在贺函中说，我相信，在您的领导下，中国共产党会继续推动中国经济社会发展迈上新台阶，并进一步增强中国在国际舞台上不可撼动的威望。中国是哈萨克斯坦友好邻邦和重要战略伙伴。我相信，哈中互利合作将继续快速发展，造福两国人民。

乌克兰地区党荣誉主席、总统亚努科维奇在贺函中祝贺习近平当选中共中央总书记。贺函说，这是中国共产党全党同志对您的高度信任，是对您为中国共产党和国家所作贡献当之无愧的肯定。我坚信，您在新的重要岗位上将一如既往地重视乌中两国开展友好建设性合作的良好传统。

白俄罗斯总统卢卡申科在贺函中说，我非常高兴地看到，白中关系在双方已达成的协议基础上得到了大力推进。希望在您的一贯支持下，两国友好关系得到进一步巩固和拓展。衷心祝愿您顺利实现中共十八大制定的宏伟计划，祝愿您在如此责任重大的岗位上取得成功。

亚美尼亚共和党主席、总统萨尔基相在贺函中说，我深信，您在这一崇高岗位上，将为中国共产党的进一步发展和中国的富强作出更大贡献。我们两党业已建立起的紧密伙伴关系正在不断巩固和深化，为推动两国和人民的全方位合作发挥重要作用。

巴林国王哈马德·本·伊萨·阿勒哈利法在贺函中说，值此您当选中共中央总书记之际，我谨以个人名义并代表巴林人民向您表达诚挚的祝贺和祝福。您的当选，显示了中国人民对您的高度信任，相信您有能力带领中国继续迈向辉煌的明天。

土耳其正义与发展党主席、总理埃尔多安在贺函中说，阁下今年2月对土耳其进行的正式访问，为近期快速发展的土中关系增添了新的动力。我坚信，在阁下的英明领导下，我们两党、两国间的关系将得到更快发展。谨祝阁下所肩负的这一新的光荣使命给中国人民带来福祉。

马来西亚马来民族统一机构(巫统)主席、总理纳吉布在贺函中说，我相信在阁下的英明领导下，中国将实现更伟大的进步与繁荣。马来西亚愿进一步深化两国互利合作，拓展两国及两国人民之间的共同利益，并在地区和国际事务中与中国保持密切配合。

泰国为泰党主席乍鲁蓬在贺函中说，我谨代表为泰党热烈祝贺阁下当选中共中央总书记。我们两党在促进各自国家发展和提升人民福祉方面发挥着重要作用。双方都认为,发展必须以人为本,并坚持公平性和可持续性。

俄罗斯联邦共产党主席久加诺夫在贺函中说,我们密切关注中共十八大的工作,关注会议通过的继续推进中国特色社会主义建设的决议。我们坚信,中共十八大确定的任务一定会得到贯彻落实。

俄罗斯公正俄罗斯党主席列维切夫在贺函中说,相信在您的领导下,中国共产党一定会在建设繁荣民主国家的道路上再创佳绩,并进一步巩固中国在国际舞台上的威望。公正俄罗斯党高度重视与中国共产党的建设性合作关系。愿意继续发展两党间富有成效的合作。

俄罗斯自由民主党主席日里诺夫斯基在贺函中表示,您长期以来在党和国家建设中积累的丰富经验,使您成为中国共产党最高领导人。我们非常高兴地看到,您近年来为俄中关系的巩固作出了巨大贡献。祝您在党的最高领导岗位上成功顺遂。

德国社会民主党主席加布里尔在贺函中说,十八大在塑造中国未来发展和中国扮演重要国际角色方面具有特别意义。希望中国继续勇敢地推进这一历史进程,更好地造福全体中国人民。我们希望同中国共产党保持和深化对话和交流。

葡萄牙社会党总书记塞古罗在贺函中对习近平当选中共中央总书记致以诚挚的祝贺。贺函表示,葡萄牙社会党期待与中共新一届领导机构继续加强合作,并祝中共取得更大成功。

布隆迪保卫民主力量主席帕斯卡尔·尼亚邦达在贺函中说,欣悉您当选中共中央总书记。我们相信,我们两党间的关系将不断加强,并造福于两党和两国。

秘鲁阿普拉党主席、前总统加西亚在贺函中说,欣悉您当选中国共产党新一届中央委员会总书记,我谨向您致以最诚挚的祝贺。我相信,您将领导中国的伟大进程取得更大成就。

哥斯达黎加民族解放党主席希门内斯在贺函中说,祝愿您在中共中央总书记这一责任重大的岗位上取得更大的成就。我坚信,您的作为必将进一步推动伟大中国的经济社会向前发展。

(新华网)

《第二十二届冬季奥林匹克运动会在俄罗斯索契隆重开幕 习近平应邀出席开幕式》

黑海之滨,棕榈树下,激情和冰雪同在,竞技和友谊共歌。当地时间7日晚8时14分,北京时间8日零时14分,第二十二届冬季奥林匹克运动会在俄罗斯索契隆重开幕。国家主席习近平应俄罗斯总统普京邀请出席开幕式。整个开幕式历时近3个小时,于北京时间8日凌晨3时结束。

习近平出席索契冬奥会开幕式是中国国家元首首次出席在境外举行的大型国际体育赛事,也是习近平连续第二年首访俄罗斯,体现了中国对国际奥林匹克运动的重视和支持,显示出中俄全面战略协作伙伴关系的高水平和特殊性。开幕式前一天,中俄两国元首举行今年首次会晤,对中俄关系发展作出规划和部署,达成新的重要共识。

随着观众倒计时的呼喊声,时针指向20时14分,索契冬奥会开幕式开始。

来自87个国家和地区的代表团依次步入菲施特体育场。中国花样滑冰运动员佟健手擎五星红旗,引领中国代表团入场,受到全场观众热烈欢迎。习近平起立,向中国奥运健儿挥手致意。

中国这次派出了共138人的代表团,65名选手将参加4个大项、9个分项、49个小项的比赛。自1980年首次参加冬奥会以来,中国在9届冬奥会比赛中共夺得9枚金牌、18枚银牌、17枚铜牌。在4年前的温哥华冬奥会上,中国代表团以5金、2银、4铜的成绩排名第七位,首次进入奖牌榜前八名,实现了历史性突破。本届冬奥会,中国运动员将在短道速滑、自由式滑雪、花样滑冰、速度滑冰等优势项目上向奖牌发起冲击。

东道主俄罗斯代表团最后一个出场,他们受到全场观众热烈欢呼。本届冬奥会,俄罗斯派出了包括223名运动员在内的历史上最大规模代表团参赛。

入场仪式结束后,以"俄罗斯之梦"为主题的大型表演拉开大幕。

国际奥委会主席巴赫在开幕式上致辞。巴赫对俄罗斯主办冬奥会表示感谢,相信本届冬奥会将成为一次团结、包容、和谐、和平的盛会。

22时26分,普京宣布第二十二届冬奥会开幕。

主火炬点燃仪式将开幕式推向高潮。在希腊奥林匹亚山采集的本届冬奥会圣火,历经4个多月、行程超过6.5万公里的传递后,进入开幕式现场。在俄罗斯传递期间,火炬搭载核动力破冰船抵达北极,首次实现"太空漫步",攀上了欧洲第一峰厄尔布鲁士峰,潜入世界最深的淡水湖——贝加尔湖。主火炬点燃了,熊熊燃烧的圣火照亮了索契的夜空。

87个代表团的约2800多名运动员将角逐7个大项、15个分项、98个小项的比赛。本届冬奥会成为历史上规模最大、设项最多的冬奥会。

当地时间6日晚,国家主席习近平在索契应邀出席国际奥委会主席巴赫为前来出席第二十二届冬奥会开幕式及相关活动的各国贵宾举行的招待会并同巴赫进行了亲切友好的交谈。

习近平强调,我这次专程前来出席索契冬奥会开幕式,体现了中国政府对国际奥林匹克运动的重视和支持。我祝愿本届冬奥会取得圆满成功。

招待会席间,习近平还同一些国家领导人、国际奥委会委员、各国国家奥委会负责人交谈,就中国同有关国家双边关系和发展体育事业交换意见。

(中央电视台《新闻联播》节目播出稿)

《习近平总书记会见连战一行》

中共中央总书记习近平18日下午在钓鱼台国宾馆会见中国国民党荣誉主席连战及随访的台湾各界人士时强调,希望两岸双方秉持"两岸一家亲"的理念,顺势而为,齐心协力,推动两岸关系和平发展取得更多成果,造福两岸民众,共圆中华民族伟大复兴的中国梦。

习近平指出,由于历史和现实的原因,两岸关系存在的很多问题一时不易解决,但两岸同胞是一家人,有着共同的血脉、共同的文化、共同的联结、共同的愿景,这是推动相互理解,携手同心,一起前进的重要力量。

第一,两岸同胞一家亲,谁也不能割断我们的血脉。两岸同胞一家亲,根植于同胞共同的血脉和精神。扎根于我们共同的历史和文化。这是与生俱来、浑然天成的,是不可磨灭的。不论是几百年前跨越"黑水沟"到台湾"讨生活",还是几十年前迁徙到台湾,广大台湾同胞都是我们的骨肉天亲。大家同根同源、同文同宗,心之相系、情之相融,本是血脉相连的一家人。两岸走近、同胞团圆是两岸同胞的共同心愿,没有什么力量能把我们割裂开来。

第二,两岸同胞命运与共,彼此没有解不开的心结。两岸同胞虽然隔着一道海峡,但命运从来都是紧紧连在一起的。民族强盛,是同胞共同之福;民族弱乱,是同胞共同之祸。两岸虽然尚未统一，但我们同属一个国家、同属一个民族，从来没有改变，也不可能改变。因为我们血脉里流动的都是中华民族的血，我们精神上坚守的都是中华民族的魂。台湾同胞因自己的历史遭遇和社会环境，有着特定的心态。我们完全理解台湾同胞的心情。熨平心里创伤需要亲情，解决现实问题需要真情，我们有耐心，但更有信心。亲情不仅能疗伤止痛、化解心结，而且能实现心灵契合。我们尊重台湾同胞自己选择的社会制度和生活方式，也愿意首先同台湾同胞分享大陆发展的机遇。历史不能选择，但现在可以把握，未来可以开创。

第三，两岸同胞要齐心协力，持续推动两岸关系和平发展。5年多来，两岸同胞共同选择了两岸关系和平发展道路，开创了前所未有的新局面。这是一条维护两岸和平、促进共同发展、走向民族复兴、造福两岸同胞的正确道路。要坚定信心，排除一切干扰，沿着这条道路一步一个脚印地走下去。大家都不希望目前的好局面逆转。为此，两岸双方要巩固坚持"九二共识"、反对"台独"的共同基础，深化维护一个中国框架的共同认知。这个基础是两岸关系之锚。只要这个基础得到坚持，两岸关系前景就会越来越光明。如果这个基础被破坏，两岸关系就会重新回到动荡不安的老路上去。前不久，双方两岸事务主管部门负责人会面，达成积极共识，对推动两岸关系全面发展具有积极意义。至于两岸之间长期存在的政治分歧问题，我们愿在一个中国框架内，同台湾方面进行平等协商，作出合情合理安排。我相信，两岸中国人有智慧找出解决问题的钥匙来。

我们欢迎更多台湾同胞参与到推动两岸关系和平发展的行列中来，大家一起努力，出主意、想办法，凝聚更多智慧和力量，巩固和扩大两岸关系发展成果，使两岸关系和平发展成为不可阻挡的历史潮流，让广大台湾同胞特别是基层民众都能更多享受到两岸关系发展带来的好处。我们对台湾同胞一视同仁，无论是谁，不管他以前有过什么主张，只要现在愿意参与推动两岸关系和平发展，我们都欢迎。

第四，两岸同胞要携手同心，共圆中华民族伟大复兴的中国梦。实现中华民族伟大复兴，实现国家富强、民族振兴、人民幸福，是近代以来中国人的夙愿。中国梦与台湾的前途是息息相关的。中国梦是两岸同胞共同的梦，需要大家一起来圆梦。两岸同胞要相互扶持，不分党派，不分阶层，不分宗教，不分地域，都参与到民族复兴的进程中来，让我们共同的中国梦早日成真。

习近平强调，我们是真心诚意对待台湾同胞的，愿意认真听取各方意见。只要是有利于增进台湾同胞福祉的事,只要是有利于推动两岸关系和平发展的事,只要是有利于维护中华民族整体利益的事,我们会尽最大努力办好,使广大台湾同胞在两岸关系发展中更多受益,让我们所有中国人都过上更加美好的生活。

连战表示,2005年国共两党开展和解对话,进而两岸走向和平发展,给两岸人民带来了前所未有的可喜局面,这是一条不应也不可逆转的正确道路。过去的一年里,无论是国共两党或两岸各界,在政治互信上都向前迈进了一步,包括主张各依法规用一个中国框架定位两岸关系,重申"九二共识",强调"两岸关系不是国际关系"等。我们要共同珍惜、齐心巩固、合力深化,让两岸关系稳固前进,愈走愈远、愈走愈高。两岸文化同属中华文化,两岸人民同属中华民族,原本就是一家人、一家亲。两岸更应以务实的心态,使台湾在两岸和平发展、中华民族再兴的过程中,发挥积极且正面的作用。

(中央电视台《新闻联播》节目播出稿)

《十二届全国人大常委会第七次会议在京闭幕
表决通过全国人大常委会关于确定中国人民抗日战争胜利纪念日
和关于设立南京大屠杀死难者国家公祭日的两个决定》

十二届全国人大常委会第七次会议27日下午在北京人民大会堂闭幕。张德江委员长主持会议。

会议表决通过了全国人大常委会关于确定中国人民抗日战争胜利纪念日的决定和全国人大常委会关于设立南京大屠杀死难者国家公祭日的决定。

会议经表决,原则通过了全国人大常委会工作报告稿。委员长会议将根据审议意见对报告稿作必要修改完善后,提请十二届全国人大二次会议审议。委员长会议建议,委托张德江委员长代表常委会向十二届全国人大二次会议作工作报告。

会议表决通过了十二届全国人大二次会议议程草案,决定提请十二届全国人大二次会议预备会议审议;通过了十二届全国人大二次会议主席团和秘书长名单草案,决定提请十二届全国人大二次会议预备会议审议;通过了十二届全国人大二次会议列席人员名单。

会议表决通过了全国人大常委会代表资格审查委员会关于个别代表的代表资格的报告。

会议还表决了有关任免案。

在会议表决通过各项议案后，张德江发表讲话。

张德江说，本次常委会会议审议通过了全国人大常委会关于确定中国人民抗日战争胜利纪念日的决定和关于设立南京大屠杀死难者国家公祭日的决定。全国人大常委会以立法形式确立这两个纪念日，集中反映了中国人民的共同意志，表明了中国人民坚决维护国家主权和领土完整的坚定立场，表明了中国人民反对侵略战争、捍卫人类尊严、维护世界和平的坚定立场。依照全国人大常委会的决定，隆重地举行法定的、国家层面的纪念和悼念活动，目的是要牢记中国人民抗日战争的伟大意义，充分认识中国人民抗日战争在世界反法西斯战争中的重要地位和巨大贡献，充分认识中国人民抗日战争胜利为实现民族独立和人民解放奠定的重要基础，永远铭记中国人民反抗日本帝国主义侵略的艰苦卓绝斗争；牢记日本帝国主义侵略给中国人民和世界人民造成的深重灾难，警醒全世界人民时刻警惕日本为军国主义侵略历史翻案，维护第二次世界大战胜利成果和确立的战后国际秩序；弘扬以爱国主义为核心的伟大民族精神，激励全国各族人民为实现中华民族伟大复兴的中国梦、促进人类和平与发展的崇高事业而共同奋斗。

张德江指出，即将召开的十二届全国人大二次会议，是在我国全面深化改革第一年召开的一次十分重要的会议。我们要把思想和行动统一到中央对形势的分析判断和对工作的总体部署上来，充分发扬民主、严格依法办事，增强大局意识、提高审议质量，厉行务实节俭、树立良好会风，动员全国各族人民在以习近平同志为总书记的党中央领导下，团结一心，扎实工作，锐意进取，攻坚克难，把十二届全国人大二次会议开成民主、团结、求实、奋进的大会。

(中央电视台《新闻联播》节目播出稿)

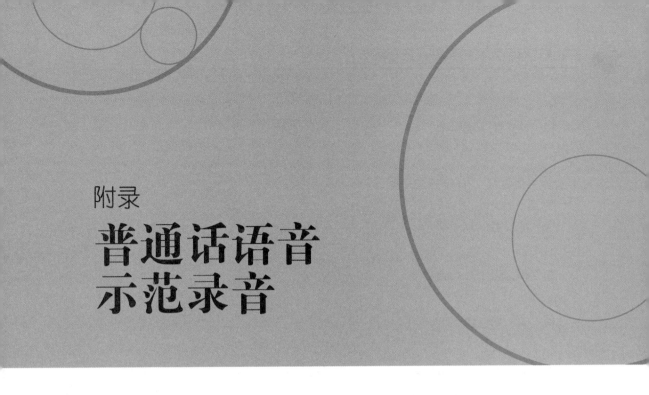

附录
普通话语音示范录音

第一部分　声母(示范录音：2)

b:
播　布　北　宾　班
p:
披　盘　陪　炮　剖
m:
忙　慢　门　苗　米
f:
肤　方　反　佛　奋
d:
搭　到　堵　顶　得
t:
推　吞　谈　图　趟
n:
那　奴　囊　闹　牛

l：
拉　铃　来　类　列
g：
哥　刚　耕　姑　稿
k：
考　坑　客　空　括
h：
花　和　恨　行　会
j：
将　旧　奖　即　机
q：
青　亲　期　巧　俏
x：
先　系　向　徐　星
zh：
扎　炸　张　赵　真
ch：
产　超　炒　沉　车
sh：
沙　蛇　筛　省　双
r：
日　如　入　人　任
z：
栽　脏　遭　贼　憎
c：
才　菜　蚕　仓　策
s：
萨　三　桑　色　送

附录　普通话语音示范录音

第二部分　韵母

一、单韵母发音(常见)(示范录音：3)

a	爸爸	妈妈	哪怕
o	剥夺	摸底	佛法
e	特色	客车	苛刻
i	笔记	底细	礼仪
u	补助	部署	哺乳
ü	旅居	曲剧	徐徐

二、复韵母发音(示范录音：4)

ai	爱戴	摆开	买卖	拍卖	开采
ei	北非	北碚	蓓蕾	北美	配备
ao	包抄	报道	报告	报考	跑道
ou	兜售	抖擞	漏斗	喉头	佝偻
ia	下家	加价	加压	恰恰	下嫁
ie	爹爹	贴切	铁鞋	接界	斜街
ua	挂花	挂画	耍滑	花袜	挂瓦
uo	错过	做作	堕落	国货	火锅
üe	雀跃	约略	绝学	月缺	跃跃
iao	巧妙	逍遥	苗条	吊桥	叫嚣
iou	久留	悠久	有救	牛油	流油
uai	乖乖	外快	怀揣	踹开	摔坏
uei	垂危	回味	回嘴	悔罪	魁伟

三、鼻韵母发音(示范录音：5)

an	安然	暗淡	参赞	参战	单产
ian	边沿	变天	编演	电键	电线
uan	传唤	串换	酸软	婉转	专款
üan	涓涓	源泉	源远	轩辕	全员
en	本分	本人	愤恨	根本	人身
in	濒临	近邻	近亲	临近	凛凛
uen	滚滚	温存	温顺	论文	春笋
ün	军训	醺醺	菌群	均匀	群运
ang	帮忙	厂房	长方	当场	放荡
iang	粮饷	踉跄	良将	洋姜	洋相
uang	双簧	网状	装潢	状况	窗框
eng	登程	丰盛	风声	风筝	更生
ing	并行	定型	叮咛	惊醒	精灵
ueng	水瓮	主人翁	渔翁	白头翁	蕹菜
ong	公共	轰动	轰隆	空洞	空中
iong	炯炯	汹汹	熊熊	汹涌	茕茕

第三部分　声调

一、单音节发音(示范录音：6)

双唇音：b、p、m

bā bá bǎ bà　pō pó pǒ pò　māo máo mǎo mào
巴　拔　把　爸　坡　婆　叵　破　猫　毛　卯　帽

附录　普通话语音示范录音

唇齿音：f

fāng　fáng　fǎng　fàng
　方　　房　　仿　　放

舌尖中音：d、t、n、l

dī　dí　dǐ　dì　tōng　tóng　tǒng　tòng
低　敌　底　弟　通　　同　　统　　痛

niū　niú　niǔ　niù　liāo　liáo　liǎo　liào
妞　牛　扭　拗　撩　聊　了　料

舌根音：g、k、h

gū　gú　gǔ　gù　kē　ké　kě　kè
姑　骨　古　顾　科　咳　可　刻

hān　hán　hǎn　hàn
酣　含　喊　汗

舌面音：j、q、x

jū　jú　jǔ　jù　qīng　qíng　qǐng　qìng
居　局　举　锯　青　　情　　请　　庆

xiāng　xiáng　xiǎng　xiàng
　香　　　降　　　想　　　像

翘舌音：zh、ch、sh、r

zhī　zhí　zhǐ　zhì　chēng　chéng　chěng　chèng
知　职　止　至　称　　成　　逞　　秤

shēn　shén　shěn　shèn　rū　rú　rǔ　rù
申　　神　　审　　慎　△　如　乳　入

平舌音：z、c、s

zuō　zuó　zuǒ　zuò　cāi　cái　cǎi　cài
作　昨　左　做　猜　才　采　菜

suī　suí　suǐ　suì
虽　随　髓　碎

二、双音节发音(示范录音：7)

(1) 阴阴

播音　丰收　东升　公安　深山

(2) 阴阳

新闻　编辑　资源　鲜明　坚决

(3) 阴上

歌曲　珠海　生产　猜想　争取

(4) 阴去

播送　庄重　牵挂　先烈　优越

(5) 阳阴

革新　农村　联播　财经　门风

(6) 阳阳

人民　联营　石油　题材　学习

(7) 阳上

勤俭　黄海　门槛　全体　邻里

(8) 阳去

前进　持续　文件　达意　防范

(9) 上阴

广播　领先　统一　掌声　打击

(10) 上阳

普及　补习　敏捷　指南　谴责

(11) 上上

展览　享有　选举　北海　索取

(12) 上去

理论　想象　简讯　企盼　选段

(13) 去阴

下乡　认真　对播　内因　特约

(14) 去上
剧本　问好　上海　耐久　重点

(15) 去去
报告　电视　叙事　路线　政策

三、四音节发音(示范录音：8)

b：百炼成钢		p：排山倒海
m：满园春色		f：发奋图强
d：大快人心		t：谈笑风生
n：鸟语花香		l：老当益壮
g：盖世无双		k：开卷有益
h：豪言壮语		j：艰苦奋斗
q：千军万马		x：喜笑颜开
zh：辗转反侧		ch：超群绝伦
sh：山水相连		r：饶有风趣
z：赞不绝口		c：沧海一粟
s：三思而行		

第四部分　语流音变

一、轻声(示范录音：9)

a	爱人　案子	b	巴掌　板子
c	财主　裁缝	d	耷拉　答应
e	耳朵　儿子	f	贩子　房子
g	盖子　甘蔗	h	蛤蟆　孩子

j	机灵 脊梁	k	咳嗽 客气
l	喇叭 篮子	m	妈妈 麻烦
n	奶奶 难为	q	欺负 茄子
r	热闹 认识	s	嗓子 扫帚
t	他们 太太	w	挖苦 晚上
x	稀罕 喜欢	y	丫头 衙门
z	在乎 早上		

二、儿化(示范录音：10)

门—门儿　面—面儿　座—座儿　沿—沿儿
头—头儿　曲—曲儿　劲—劲儿　点—点儿
碗—碗儿　玩—玩儿　盖—盖儿　球—球儿
小树枝儿　小圆圈儿　小不点儿　小花脸儿
小金鱼儿　小红花儿　小脸蛋儿　小花瓶儿
花狗儿　木橛儿　腊八儿　香瓜儿

三、轻重格式(示范录音：11)

1. 双音节词的轻重格式

(1) 中重

广播　人民　大会　到达　民兵

(2) 重中

毛病　奉承　消极　河流　价值

(3) 重轻

镜子　豆腐　萝卜　妈妈　认得

2. 三音节词的轻重格式

(1) 中中重

东方红　西红柿　王府井　展览会　颐和园　播音员

附录　普通话语音示范录音

(2) 中重轻

老头子　小姑娘　鞋底子　命根子　纸条子　笔杆子

(3) 重轻轻

跑出去　提起来　升起来　投进去　拣出来　爬进去

3. 四音节词的轻重格式

(1) 中重中重

锦绣河山　江山如画　一脉相承　兴高采烈

(2) 中轻中重

大大方方　马马虎虎　吃吃喝喝　整整齐齐

(3) 重轻轻轻

跑上来了　爬出来了　亮起来了　掉下来了

播读：容佳、王钊熠
录音：长沙听说坊语言艺术工作室
制作：希望之翼

(备注："普通话语音示范录音"音频内容可以到http://www.tup.com.cn/或http://www.tupwk.com.cn/downpage网站下载。)

参考文献

[1] 张颂. 中国播音学[M]. 北京：中国传媒大学出版社，2007.

[2] 吴弘毅. 实用播音教程——普通话语音和播音发声[M]. 北京：中国传媒大学出版社，2006.

[3] 曾志华，吴洁茹，熊征宇，潘洁. 普通话训练教程[M]. 北京：中国传媒大学出版社，2012.

[4] 刘广微，金晓达. 汉语普通话语音图解课本·教师用书[M]. 北京：北京语言大学出版社，2009.

[5] 胡黎娜. 播音主持艺术发声[M]. 北京：中国广播电视出版社，2011.

[6] 田园曲. 播音与主持艺术高考进阶实用教程[M]. 2版. 北京：清华大学出版社，2015.

[7] 伍振国. 影视表演语言技巧[M]. 北京：中国广播电视出版社，2006.

[8] 国家语言文字工作委员会普通话培训测试中心. 普通话水平测试实施纲要[M]. 北京：商务印书馆，2005.

[9] 徐恒. 播音发声学[M]. 北京：北京广播学院出版社，1985.

[10] 赵秀环. 播音主持艺术语言基本功训练教程[M]. 3版. 北京：中国传媒大学出版社，2011.

[11] 王璐. 语音发声[M]. 北京：中国传媒大学出版社，2009.

[12] 王峥. 播音员主持人语音发声科学训练[M]. 北京：中国传媒大学出版社，2009.

[13] 胡裕树. 现代汉语[M]. 上海：上海教育出版社，1995.

后 记

十余名参与编写的老师,历经一年时间完成了这本书。应该说在这一年时间里,大家的内心是忐忑的,因为每一位老师都站在专业教学的前沿阵地,每个人也都积累了一套属于自己的经验和方法,想要在一本教程中将其整合,这势必是充满挑战的。但是,因为期待,所以我们憧憬并付诸实施;因为努力,所以教程从无到有,进而付梓呈现。

孔子有云:"工欲善其事,必先利其器。"对于播音主持工作而言,掌握正确的发音位置、咬字方法,学会科学地用气发声是每一位从业者提升业务能力的"利器",这也是本书编写的出发点。

相较于同类型书籍,我们对科学晨练进行了更为系统的梳理,这不仅有助于教师更清晰地讲授,更有助于学生在自我训练时有据可依,科学发声。

播音与主持艺术是实践性很强的专业,在教学过程中,部分院校采用的是"大课"与"小课"相结合的方式,还有些院校则是在理论讲授的过程中穿插实践训练。而无论采用哪一种方法,科学训练对于每一位学习者而言都是重中之重。因此,我们在书中精选了许多经典的训练材料,以期通过科学的训练,达到由量到质的变化。

本书的编写得到了播音主持界与教育界前辈和同行们的提点与帮助,在此谨代表所有参编者向各位表示诚挚的感谢。感谢刘静老师(湖北人民广播电台播音指导)、贾宁老师(天津师范大学播音与主持艺术系主任)、曾致老师(湖南广播电视台播音指导)在专业上给予的支持;感谢四川电影电视学院罗共和院长与黄元文院长在成长道路上给予的帮助;感谢那些创作出优秀作品的文学家与艺术家们,是你们的笔触为我们的实践训练提供了如此美好的练习素材;当然,也感谢我们的家人和朋友在生活及工作中给予的一切关怀。

谨以此书献给每一位播音与主持艺术专业的学习者与爱好者。

书中错误之处,还请同行们斧正。

辛逸乐
2021年6月8日